育児担当制による
乳児保育
子どもの育ちを支える保育実践

西村真実 著

中央法規

育児担当制による乳児保育の特徴

- いつも同じ保育士が
  - 背中のほうからシャツを下ろすね
- 行為と言葉の一致
  - 二つのお手てでズボンを上げるよ
- いつも同じ手順で
  - 広げてからね
- 安全基地、情緒の安定

一人ひとりに向き合う

- 「遊ぶ」「食べる」「寝る」が並行して進む

食事をはじめる子ども、遊ぶ子ども、午睡から目覚める子ども。
一人ひとりの生活リズムが大切にされる

流れる日課

主体性を育む

● 子どもが見通しをもてるような関わり

行為について言葉がけを行い、子どもの参加を促す

● 子どもができるところを見極め、必要なところを援助する

子どもの意識を行為（着がえ）に向ける

● 子どもが主体となるよう、促す

子どもができないところを手助けする

行為の完了を確認する

● いつも同じ場所・同じ流れで

● 保育士の協働、連携

クラス内でそれぞれ別の行動をとる保育士は、互いにサポートし合う

●体を動かす遊び　　●手指を動かす遊び

おもちゃを十分に用意することは、子どもが自分で遊びはじめるための「しかけ」となる

発達に応じた環境づくり

●子どもが自ら取り出して遊べるおもちゃ

遊びが支える豊かな経験

●お世話（生活再現）　　●お料理、食べる（生活再現）

「やっと寝たわ〜」

「おうどん熱いからね」

●身体操作を促す遊び

豊富な遊び道具が、子どもの遊びを豊かにする

はじめに

　1990 年の 1.57 ショック以降、少子化対策は我が国の喫緊の課題となり、3 歳未満児の保育所受け入れ枠の拡充が図られてきました。2019 年現在、我が国の 3 歳未満児のうち、ほぼ半数近くの子どもたちが保育所、認定こども園、地域型保育施設などの保育施設を利用しています。今日でも依然として 3 歳未満児の保育ニーズは高く、その量的拡大が図られています。その一方で、3 歳未満児の「保育の質」は、どのように担保されているでしょうか。

　保育の礎ともいえる保育所保育指針は、1990年以降、おおむね10年ごとに改定され、2008年以降は保育所保育指針解説（書）が発行されています。2008年以降の保育所保育指針は、告示であり法的拘束力を有するため、保育の具体的手法については言及できないという限界を有しています。

　3 歳未満児の受け入れ人数を拡大した保育現場が、その質の向上を図るために求めるものは「何をどのように行うか」、つまり手法についての知見です。それは単におむつ交換の手順や遊び方、手作りおもちゃのつくり方などの手技ではなく、「何故そうするのか」、「何を行うことが発達援助となるのか」という根拠を有する手法です。本書では、保育所保育指針に示される内容を踏まえて、より質の高い保育を行っていくための手法の 1 つである育児担当制を焦点化し、その内容と方法についてできる限り詳細に示していきます。

育児担当制は、特定の保育士が、特定の子どもの生活援助を一貫して行うものです。本書では、保育士の行動面だけではなく、子どもにとって育児担当制がどのように機能するかについて示しました。たとえば、「言葉と行為の一致」は、育児担当制による援助で重要視することの一つですが、これは子どもが行為と言葉を結び付け、自分がいる場面をより理解しやすくする援助の形態となります。このように、保育の手法を語るとき、その援助が子どもにとってどのような意味をもつか、という視点を欠かすことはできません。保育は子どもが主体となるものだからです。

　「育児担当制」という呼称について、「育児」という家庭養育を示す文言を保育実践用語として用いることへの疑義を示されたことがあります。「『生活援助担当制』と命名してはどうか」というご提案をいただいたこともあります。育児担当制は、近年に始まったものではありません。実施する園の割合はごく僅かでも、着実に実践が重ねられてきました。実践者がこの手法を「育児担当制」と呼び、重ねてきた実践を尊重し、本書では「育児担当制」という文言を用います。

　3歳以降の豊かな育ちをかなえるためには、その基盤となる3歳未満児での豊かな育ちが必要です。育児担当制は、この3歳未満の時代の子どもの豊かな育ちを支えるための手法です。本書を通して、育児担当制の理解が深まり、広がることを期待してやみません。

西村真実

contents

第1章 乳児保育の課題と考え方

① 3歳未満児の保育に求められるもの……2
保育所保育指針の改定……2
2017年改定保育所保育指針のポイント……3
保育所保育指針の基本……3
改定保育所保育指針が示す3歳未満児の保育……4
　・乳児保育
　・1歳以上3歳未満児
3歳未満児の保育に求められること……5
　・保育所保育指針が示す「担当制」
　・様々な「担当制」のスタイル

② 育児担当制とは……7
育児担当制の定義……7
　・育児担当制の意義
様々な担当制との援助の違い……8
　・グループ担当制
　・場所の担当制
　・グループ担当制と場所の担当制の比較
　・育児担当制と
　　グループ担当制・場所の担当制
遊びの援助と様々な担当制……12
　・グループ担当制と遊び
　・場所の担当制と遊び
　・育児担当制と遊び

③ 乳児保育の現状と課題……14
3歳未満児の保育の現状……14
　・クラス運営の困難感
　・保育の方法
　・「みんなと一緒に」
3歳未満児の保育の課題……16
　・3歳未満児のクラス運営のあり方
　・3歳未満児の発達に適した保育方法の確立

④ 子どもの発達特性と望ましい保育……17
愛着……17
　・乳児保育における愛着形成の重要性
共同注意……18
社会性の発達……19
3歳未満児の望ましい保育……20

第2章 乳児の発達と保育の基本

①乳児の発達の特性……22
子どもの発達と援助の視点……22
・発達のプロセスと個人差
・人的環境と物的環境

②6か月未満児の発達と保育内容……24
運動面の発達……24
・腹這いから寝返りまで
認知の発達……25
・追視のはじまり
社会性の発達……25
・愛着関係の形成
保育内容……25
 特定の保育者の援助を

 家庭的な雰囲気を

遊び……27
 応答的な関与

 子どもの姿勢に即したおもちゃ

③6か月から1歳3か月未満児の発達と保育内容……28
運動面の発達①粗大運動……28
・寝返りからハイハイまで
・立って歩くまで
運動面の発達②微細運動……29
・握る
・つまむ
認知の発達……30
・喃語
・三項関係
・指さし
社会性の発達……32
・人見知りがはじまる
・模倣の時期
保育内容……33
 保育士間の連携

・生活習慣

 転倒時期の安全に配慮

遊び……35
 情緒的交流を図る

 自主的な動きを促す環境

contents

④1歳3か月から2歳未満児の発達……36
運動面の発達①粗大運動……36
・歩行が安定し全身を使って動く
運動面の発達②微細運動……37
・つまむ、すくうなど指先の操作が可能に
認知の発達……37
・言葉の理解が進み二語文が出る
社会性の発達……38
・かみつきが出る時期
保育内容……39
人的環境 やりたい時期
・生活習慣

物的環境 動作の流れを支える環境
遊び……41
人的環境 子どもの関心
・自我が芽生える

物的環境 子どもが見てわかる
・手指の巧緻性を育む

⑤2歳から3歳未満児の発達……44
運動面の発達①粗大運動……44
・様々な動きを楽しむ
運動面の発達②微細運動……44
・指先に力を入れて操作できる
認知の発達……45
・二次元の認識
・語彙が著しく増加
社会性の発達……46
・自己主張
保育内容……47
人的環境 生活習慣

物的環境 生活の流れを考える
遊び……48
人的環境 少しずつ他児との関わりを
・要求を言葉にしてみる

物的環境 積んだり並べたり
・見立て遊びのはじまり

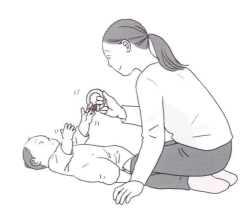

第3章 乳児クラスの保育実践と環境づくり

①乳児を受け入れる基本の環境づくり……52
保育所保育指針に示された環境……52
- ・子どもの主体的関与を促す応答的環境
- ・温かな親しみとくつろぎの場
- ・子どもが周囲の人と関わる環境
基本的なクラスの環境……54
- ・広さ
- ・空間の構成
- ・色づかい
基本的な戸外の環境……56
- ・園庭
- ・屋上園庭

②0歳児の保育環境づくり……58
家具と配置……58
- ・睡眠のための家具と配置
- ・食事のための家具と配置
- ・遊びのための家具と配置
生活のための環境……59
- ・睡眠
- ・食事
- ・排泄
遊びのための環境……61
- ・粗大運動を促す遊びのための環境
- ・操作を促す遊び

③1歳児の保育環境づくり……64
家具と配置……64
- ・睡眠のための家具と配置
- ・食事のための家具と配置
- ・遊びのための家具と配置
生活のための環境……65
- ・睡眠
- ・食事
- ・排泄
遊びのための環境……68
- ・粗大運動を促すための環境
- ・生活再現遊び
- ・お世話遊び
- ・操作遊び
- ・構成遊び

④2歳児の保育環境づくり……70
家具と配置……70
- ・睡眠のための家具と配置
- ・食事のための家具と配置
- ・遊びのための家具と配置
生活のための環境……71
- ・睡眠
- ・食事
- ・排泄
遊びのための環境……72
- ・粗大運動を促すための環境
- ・ごっこ遊び
- ・操作遊び
- ・構成遊び

contents

第4章 育児担当制の実際

①育児担当制実施のための人的環境……76
　　流れる日課……76
　　担当する子どもの組み合わせ方……78
　　保育士間の協働……78

②フォーメーションの実際……79
　　〜クラス内での各保育士の動き〜
　0歳児クラスのフォーメーション……79
　0歳児クラスのフォーメーションの全体のポイント……87
　1歳児クラスのフォーメーション……88
　1歳児クラスのフォーメーションの全体のポイント……92
　2歳児の育児担当制……93
　　・2歳児クラスでのフォーメーション
　　・2歳児の生活援助
　　・2歳児の遊びの援助
　　・特定の保育士との情緒的絆
　育児担当制 Q&A……94

③生活場面での援助……95
　　一人ひとりの子どもへの援助……95
　　食事場面での援助……96
　　　・着席
　　　・エプロン装着
　　　・手拭き
　　　・食事
　　　・食後
　　着脱の援助……100
　　　・首が据わる前の子ども
　　　・上着（ボタンやファスナーのないもの）
　　　・上着（ボタンやファスナーのあるもの）
　　　・ズボン
　　排泄の援助……104
　　　・おむつ交換
　　　・排泄のメカニズムと自立へのプロセス

第5章 育児担当制と3歳未満児の教育

①教育的援助としての育児担当制……108
3歳未満児の教育とは……108
・基本的生活習慣の獲得とは
特定の保育士が存在することの意義……109

②3歳未満児の生活と遊びと育ち
　～連続性を捉える視点～……110
生活と遊びを支える……110
遊びと5領域の捉え方……110
子どもの遊びと発達の展開……111

③子どもの伸びる力を引き出す
　育児担当制……114
育児担当制による3歳未満児の教育……114
・特定の保育士と子どもとの関係
・社会情動的スキルを育むとき
育児担当制が育てるもの……115
・主体としての子どもを育む
・子どもの内面的な育ちの充実を図る

参考文献……117
著者紹介・撮影協力園……119

第1章

乳児保育の課題と考え方

ここでは、乳児保育の現状から、その課題を踏まえ、
子どもの発達特性に即した
望ましい乳児保育のあり方について考えます。

1 3歳未満児の保育に求められるもの

保育所保育指針などを振り返りつつ、時代の変遷とともに乳児保育に求められるものがどのように変化してきているかを整理します。

保育所保育指針の改定

認可保育所における3歳未満児の保育について、その内容や方法を示すものは保育所保育指針です。保育所保育指針は、1965年に厚生省（当時）が示した保育のガイドラインであり、子どもを取り巻く社会背景の変化を受けて1990年に25年ぶりの改定が行われました。それ以降は、1999年、2008年、2017年とおおむね10年ごとに改定が行われています。1999年の保育所保育指針までは厚生省の示す保育のガイドラインという扱いでしたが、2008年の改定では厚生労働大臣による告示となり、それと同時に保育所保育指針の大綱化が行われました。それに伴い、保育所保育指針とともに保育所保育指針

表1-1 これまでの保育所保育指針に示された子どもと保育士の関係性に関する記述

年	6か月未満児	6か月から1歳3か月未満児	1歳3か月から2歳未満児	2歳児
1965	子どもとの個人的なふれあいや話かけを積極的に		保母との個人的なふれあいに配慮	他児への関心の芽生え。保母と子どもの絆が基盤。保母の仲立ちが必要
1990	**特定の保母と子どもとの情緒的絆の重要性**	身近な大人との強い信頼関係に基づく情緒の安定	これまでに培われた安心できる関係が基盤	保母と一緒に遊びを楽しむ。保母を仲立ちとして、他児とのやり取りを楽しむ
1999	**担当制を取り入れる** 愛情豊かな特定の大人との継続的・応答的関わり	子どもと特定の保育士との関与の重要性	安心できる保育士との関係が基盤。保育士が媒介し友達に気づく	保育士は子どもにわかりやすく仲立ちする
2008	乳児保育		3歳未満児	
保育所保育指針	特定の保育士の応答的な関わり	安心できる保育士等との関係の下で		
保育所保育指針解説書	人との継続的かつ応答的な関わりが最重要	特定の保育士等が子どもとのゆったりとした関わりを持ち、情緒的な絆を深める **「柔軟なかたちでの担当制」**		
2017	乳児保育		1歳以上3歳未満児	
保育所保育指針	特定の保育士の応答的な関わり	保育士の愛情豊かで応答的な関わり、信頼関係		
2018	乳児保育		1歳以上3歳未満児	
保育所保育指針解説	特定の保育士との間に愛着関係を形成	特定の保育士等が子どもとゆったりとした関わりを持ち、情緒的な絆を深める **「緩やかな担当制」**		

解説書が示され、保育指針の内容の細やかな解説が示されました。

保育所保育指針に見られる保育士と子どもとの関係性の表現について表1-1に整理しました。1965年版保育所保育指針では、「子どもとの個人的なふれあい」という文言で、保母（当時）と子どもとの間に結ぶ1対1の関係の重要性を示しました。1990年版では、「特定の保母と子どもとの情緒的絆」「身近な大人との強い信頼関係に基づく情緒の安定」という文言で、それまで以上に保育士と子どもの関係構築の重要性を示しました。1999年版保育所保育指針では、初めて「担当制」という文言を用い、保育士と子どもの関係性に言及しました。2008年版保育所保育指針解説書では、「柔軟なかたちでの担当制」、2018年版保育所保育指針解説では「緩やかな担当制」などの形容を用いています。このように、保育所保育指針では特定の保育士と子どもの間に結ぶ関係の重要性を常に示してきたといえます。

2017年改定保育所保育指針のポイント

直近の改定は2017年に行われ、この年の3月末に公布された保育所保育指針とその年度末に公布された保育所保育指針解説が最新のものとなります。

今回の保育所保育指針改定には5つの大きな柱が据えられました（図1-1）。最初に挙げられているのが、「乳児・1歳以上3歳未満児の保育に関する記述の充実」です。乳児を含めた3歳未満児の保育の充実が強く求められています。また、その次には「保育所保育における幼児教育の積極的な位置付け」が挙げられ、新たに「幼児期の終わりまでに育ってほしい姿」として10項目が示されました。3歳未満児の保育は、幼児期へと続く最初のプロセスであること、そして幼児期の終わりまでを見通し、子どもの

| 図1-1 | 2017年保育所保育指針改定の5つのポイント |

①乳児保育、1歳以上3歳未満児保育の記述の充実
②保育所保育における幼児教育の位置付け
③環境の変化を踏まえた「環境及び安全の見直し」
④子育て支援の必要性
⑤職員の資質・専門性の向上

育ちを支えるための充実した保育内容が求められているといえるでしょう。

保育所保育の基本

保育所保育指針は、保育の基本となることがらを示すものです。保育所保育は環境を通して、養護と教育を一体的に行うことをその特性としています。環境とは、人的環境及び物的環境そして自然や社会の事象をさし、これらが保育の方法として位置付けられているといえます。保育所保育指針解説には、環境について「豊かで応答性のある環境」という文言を用いて、その重要性が示されています。「豊かで応答性のある環境」とは、子どもの働きかけに応じて変化したり、周囲の状況によって様々に変わり、子どもに多様な刺激を与えたりするような環境をさします。環境を子どもが働きかける対象として捉え、それらが子どもに豊かに応えることを想定し、環境を構成することの重要性が示されたものといえます。

養護とは子どもの生命の保持と情緒の安定を図るために、保育士等が行う援助や関わりをさし、教育とは、子どもが健やかに成長し、その活動がより豊かに展開されるための発達の援助と定義されています。また、養護は保育所保育の基盤であり、子どもの生命の保持と同様に情緒の安定も当然のことであると示されていま

す。これらは改定前の保育所保育指針にも示されていたことがらで、保育の根幹といえるものです。

　養護と教育は、別々に行われるものではありません。養護＝生活、教育＝遊び、というように捉えてしまうと、生活のなかの教育（発達援助）や、遊びのなかの養護（情緒の安定）の視点を見落としかねません。生命の保持はもちろんのこと、情緒の安定を基盤として発達援助を行うという営みは、まさに、子どもが自身で有する「伸びる力」を支えることです。それは、遊びのなかではもちろん、生活のなかでも行われます。教育とは、特別な活動を通して子どもに何かを教え込んだり、何かをできるようにさせたりすることではありません。特に３歳未満児は、食事、着脱、排泄などの行為を徐々に獲得していく時期です。単なる生活場面上の「お世話」ではなく、こうした新たな行為の獲得を支えることが、発達援助、つまり教育的援助です。３歳未満児の保育でも、遊びと生活を通した教育的援助が行われているのです。

改定保育所保育指針が示す３歳未満児の保育

　ここでは、2017年改定の保育所保育指針から、特に３歳未満児の保育について整理していきます。この改定では、「第２章　保育の内容」に新たに「乳児保育」と「１歳以上３歳未満児」の項目が立てられ、その内容が示されました。なお、ここでは乳児保育とは１歳未満児つまり０歳児の保育をさします。

●乳児保育

　０歳児の保育では、基本的事項として冒頭に「特定の大人との応答的な関わりを通じて情緒的な絆が形成される」という愛着について述べられています。保育が愛情豊かに、応答的に行われることは特に必要としてその重要性が示さ

図1-2　乳児保育の３つの柱

れました。

　乳児保育には３つの柱（図1-2）が据えられ、それぞれにねらいと内容が示されています。３つの柱とは、それぞれ「健やかに伸び伸びと育つ」、「身近な人と気持ちが通じ合う」、「身近なものと関わり感性が育つ」です。これは、一般的な発達項目である身体、社会性、認識の３項目に合致しています。ここでは、子どもの生活が温かで和やかな雰囲気であることや、保育士による温かで受容的・応答的な関わりが重要であることが示されています。配慮事項では、特定の保育士が応答的に関わることについても言及しています。

●１歳以上３歳未満児

　１歳以上３歳未満児の保育でも、子どもの意欲を尊重し、温かな見守りと愛情豊かな応答的な対応の必要性について、冒頭で言及しています。ここでは、３歳以上児と同様に「健康」「人間関係」「環境」「言葉」「表現」の５領域が示されました。注意しなければならないのは、ここで示されたねらいや内容は３歳前の子どもの姿が想定されており、１歳の誕生日を迎えたばかりの子どもにそのまま該当するわけではない、ということです。１歳から３歳の誕生日までの間の子どもの発達は著しいもので、子どもの姿そのものの変容も著しいものになります。ここでは、子どもがそうした発達のプロセスを進んでいくことを踏まえ、保育士にはそれぞれ

の子どもの発達の姿に応じた内容の構成が求められます。

1歳以上3歳未満児の5領域では、それぞれの内容の取扱いのなかで、子どもの意欲を重視することや、保育士の温かな見守りと応答的な関わりの重要性について言及されています。また、保育所保育指針解説においては、3歳未満児の指導計画の解説において、「緩やかな担当制」という文言を用いて、特定の保育士との情緒的絆の重要性に言及しています。

3歳未満児の保育に求められること

保育は環境を通して行うものであり、その環境は「豊かで応答性のあるもの」であることは、3歳未満児においても当然のことです。3歳未満児の保育では、子どもの働きかけや状況に応じて様々に変化し、子どもに多様な刺激を与える環境を構成するとともに、特定の保育士との

情緒的絆、すなわち愛着と保育士による受容的で応答的な関わりが求められています。

保育所保育指針に示される、和やかでゆったりとした温かな雰囲気や受容的で応答的な関わりを実現するための方法として、物的な環境構成と担当制が挙げられます。環境構成については、後に詳述するため、ここでは担当制について整理します。

●保育所保育指針が示す「担当制」

3歳未満児の保育では、「担当制」という言葉は一般的なものとなっています。保育所保育指針および保育所保育指針解説では「担当制」や「緩やかな担当制」という表現を用いて、特定の保育士が子どもに関わることが推奨されています。

「担当制」という文言は、1999年に改定された保育所保育指針から使われはじめたもので、担当制とは、特定の保育士が特定の子どもとの関係を深め援助を行うこと、と捉えることができます（表1-2）。しかし、保育所保育指針で

表1-2 これまでの保育所保育指針に示された子どもと保育士の関係性に関する記述

年	6か月未満児	6か月から1歳3か月未満児	1歳3か月から2歳未満児	2歳児
1965			保母との個人的な触れ合いに配慮	
1990	身近にいる特定の保母	身近な大人との強い信頼関係	安心できる保母	
1999	担当制を取り入れる	特定の保育士	安心できる保育士	

2008	乳児保育	3歳未満児		
保育所保育指針	特定の保育士	安心できる保育士等		
保育所保育指針解説書	特定の保育士	**柔軟なかたちでの担当制**の中で特定の保育士等		

2017	乳児保育	1歳以上3歳未満児		
保育所保育指針	特定の保育士の応答的な関わり	保育士の愛情豊かで応答的な関わり、信頼関係		
2018	乳児保育	1歳以上3歳未満児		
保育所保育指針解説	特定の保育士との間に愛着関係を形成	特定の保育士等が子どもとゆったりとした関わりをもち、情緒的な絆を深める **「緩やかな担当制」**		

子どものペースを尊重した受容的・応答的なやりとり

は特定の保育士が「どのように」援助を行うかについて言及されていません。つまり、「担当制」とは、3歳未満児の保育の方法として重要視されている一方で、実際の手法については統一見解が存在しない状態にあるといえます。そのため、「担当制」の実施にあたっては、実践を行う当事者、または園の解釈によって様々なスタイルの「担当制」で保育が行われているというのが現状です。

● 様々な「担当制」のスタイル

たとえば、特定の保育士が特定の子どものお便りノートや発達記録を担当し、遊びや生活の活動はクラス全体で行っているものを「担当制」と呼ぶ園があります。また別の園では、特定の保育士が担当する特定の子どもの遊びや生活を担うため6人程度の子どものグループを特定の保育士が担当するものを「担当制」と呼びます。さらに別の園では、同じように子どものグループを特定し、一定の期間ごとに担当を交代するものを「担当制」と呼びます。特定の保育士が特定の子どもの着脱や食事など生活援助を担い、遊び場面では比較的フレキシブルに対応して保育を行う「担当制」を実施する園もあります。特定の保育士が着脱、食事、遊びにおいて「特定の場所」を担当し、クラスの子ども全員が一斉に活動する「場所の担当制」もあります。

3歳未満児の保育では「担当制」を行うことは当たり前、と捉えられているにも関わらず、実は様々な方法による担当制が行われています。どんな形態の担当制であれ、保育士がゆったりとした関わりをもち、情緒的な絆が深められることが重要です。3歳未満児の保育に携わる保育士なら誰しも「一人ひとりの子どもにゆったりと関わりたい」と願っています。その一方で、3歳未満児には食事、着脱、排泄など特に生活場面で必要な援助が多く、保育士がてきぱきと慌ただしく援助を行っています。

子どもの遊びや生活が子ども全員で一斉に行われている場合、日常的に特定の保育士が特定の子どもの援助を丁寧に行うことは困難です。それは「場所の担当制」と呼ばれる保育においても同様です。保育士が一人ひとりに丁寧に援助を行いたいと思っていても、複数の子どもが一斉に同じ行動をする場合、保育士は慌ただしく目の前の子どもの援助をせざるを得ません。それは子どもをある程度の人数のグループにした場合でも同様です。3歳未満児にグループ単位の行動を求めることは非常に困難です。その結果、「保育の理想は担当制。でも実際はとても難しい」ということになってしまいます。

保育所保育指針解説（第1章 総則　3 保育の計画及び評価より）

【3歳未満児の指導計画】
（略）また3歳未満児は心身の諸機能が未熟であるため、担当する保育士間の連携はもちろんのこと、看護師・栄養士・調理員等との緊密な協力体制の下で、保健及び安全面に十分配慮することが必要である。さらに、<u>緩やかな担当制の中で</u>、特定の保育士等が子どもとゆったりとした関わりをもち、情緒的な絆を深められるよう指導計画を作成する。（略）

2 育児担当制とは

各園により様々な担当制が見られるなか、「育児担当制」の特徴や、他の担当制との違い、意義について整理します。

育児担当制の定義

「育児担当制」は、ハンガリーで行われている3歳未満児の保育が日本に紹介されたことが端緒となり、それを採用した保育所で実践が重ねられてきました。和地（2006）は「保育者がいつも同じ子どもの世話ができるように、子どもを担当する保育者を決めること」を育児担当制と定義しています。吉本（2002）も「特定の子どもを特定の大人がみる」保育のシステムを担当制と定義しています。和地、吉本とも特定の子どもの食事、排泄、着脱など一連の生活行為を「育児行為」とし、特定の保育士が援助する手法を担当制と呼びます。樋口（2013）は「食事と排泄を中心にした育児行為を、特定の大人が特定の子どもに対して継続的に関わることで、子どもとの深い関係を築き、安心して保育園生活が送れるように援助」する方法を育児担当保育と定義しました。

ここでは、特定の保育士が特定の子どもの生活行為を継続的に援助する保育手法を「育児担当制」と呼ぶことにします。

●育児担当制の意義

主養育者である保護者と離れ日中の長い時間を保育所で過ごす一人の子どもにとって、保育士と主養育者と同様の愛着関係を結ぶことは非常に重要です。情緒の安定によって生じた周囲への興味・関心は子ども自身の意欲となります。

日常的な生活場面で行われる着脱、排泄等は保育士と子どもが1対1で関わる貴重な場面です。毎日必ず頻繁に行われる生活援助を特定の保育士が行うことで、子どもと保育士の情緒的絆が結ばれます。その絆によって子どもの情緒は安定し、周囲への興味・関心が生まれ、意欲的に周囲の環境に働きかけます。特定の保育士との愛着は、子どもの自主的・主体的な活動・経験が発達を支えます。

一般的には「お世話」と呼ばれる食事、着脱、排泄等の生活援助は、日常動作であるが故、あまり意識をおかずに行われがちです。しかし、日常的に繰り返し行われる行為こそが、子どもにとっての反復学習となります。また、育児担当制では、生活場面における子どもの動作を細かな行為の流れとして捉え、どんなに幼くても子ども自身ができることを尊重し、できないところを保育士が援助します。一人ひとりの子どもの動きを細やかに捉えることで、より細やかに発達課題を把握することにつながります。

3歳未満児の保育で求められる細やかで丁寧な援助は、子どもの行為を細やかに捉え、一人ひとりの発達課題に応じた援助を行うことによって成立するものです。子どもの健やかな発達の援助を保育所保育指針では教育と定義しています。育児担当制は、3歳未満児の生活援助を通して丁寧な教育的関与を行うものといえます。

育児担当制における生活援助では、食事、着脱、排泄などの子どもの生活行為にどれだけ保

育士が援助を行ったとしても、行為の主体は子どもです。保育士の援助は、子どもを主体として、子どもとの協働によって成立します。3歳未満児の健やかな発達を保障することに適している育児担当制は、数ある担当制のなかでも、子どもにとっても安心できる、わかりやすい援助の方法です。それは同時に、子どもを主体とし、細やかで丁寧な教育的援助が行われる保育でもあります。

様々な担当制との援助の違い

様々な担当制での援助について、その違いを見ていきます。ここでは、特定の保育士が複数の子どもを担当し、子どもが比較的少人数のグループで行動するものを「グループ担当制」、特定の保育士が特定の場所を担当し、子どもが一斉に行動するものを「場所の担当制」と呼びます。

● **グループ担当制**

「グループ担当制」では、一つのクラスを月齢で大別し「高月齢」「低月齢」で過ごすなど、1グループの子どもの人数が10人を超えるものから、5〜6人で一つのグループを作るまで、人数規模は様々です。人数規模がどうあれ、遊びでも生活でもグループ単位の行動となるため、それをリードするのは保育士の役割です。グループで遊び、食事をするなど、一日の流れがグループごとに決まっていることも特徴の一つです。子どもの一日の生活は、グループの生活の流れに沿って進みます（図1-3）。

子どもにとっては、遊びも生活も「グループ行動」となります。そのため、一日の中では、食事、排泄などの生活場面でも、遊びの場面でも、グループ全員がそろうまでの待ち時間が生じるなどの制約が発生します。行動がグループ単位なので、子どもがグループの流れに適応することになる反面、グループの流れが、一人の子どもの状態に適応するわけではありません。

図1-3 グループ担当制

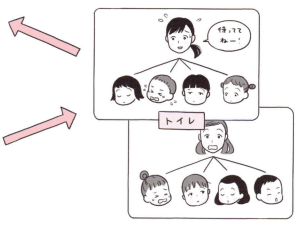

グループ単位でトイレ、手洗いなどを行い、生活自体がグループ活動となる

●場所の担当制

「場所の担当制」では、複数の保育士がそれぞれ担当する役割（リーダー、サブ、雑用など）に基づいて、トイレや着替えなど担当する場所に就きます（図1-4）。クラス全体をリードする役割を担うリーダーと、それを補助するサブ（サブリーダー）、そして全体を補助し、準備や片づけを担う雑用係、というように保育士が役割を分担します。こうした役割分担では、子どもが集団として動くことが前提となります。遊びや生活は、子ども全員が同時に同じことをするため、子ども全員の生活は、一つのクラスの生活の流れに沿って進みます。

子どもにとっては、様々な場面で複数の保育士が関わるため、「いつも違う」ことが常態となります。つまり、「いつも同じである」ことで得る安定感や見通しをもつことが困難になりやすいと同時に、「いつも違う」という混乱を当たり前のこととして受け入れざるを得ない生活となってしまいます。

いずれの担当制も、「緩やかな担当制」と称されることが多いものです。一人ひとりの子どもに対して丁寧に援助を行いたいという保育士の願いも共通しています。こうした担当制と、「育児担当制」は何が違うのか、それについて考えていきます。

●グループ担当制と場所の担当制の比較

筆者らが1、2歳児の保育場面観察の映像を分析したところ、保育士の援助については、グループの担当制と場所の担当制の間に大きな違いは認められませんでした。保育士の子どもに対する援助を「動作」、「言語（言葉かけ）」、「視覚（見せる）」、で見たところ、保育士の「動作」による援助の出現率が高いこと、「視覚（見せる）」形態での援助が極めて少ないことが共通していました。特に「視覚（見せる）」形態の援助では、動作や言語を併せて行うものも、ごくわずかでした。

つまり、保育士がてきぱきと動いているけれど、「視覚（見せる）」という形態を用いて、子どもの理解を促すような援助が極めて少ないと

図1-4 場所の担当制

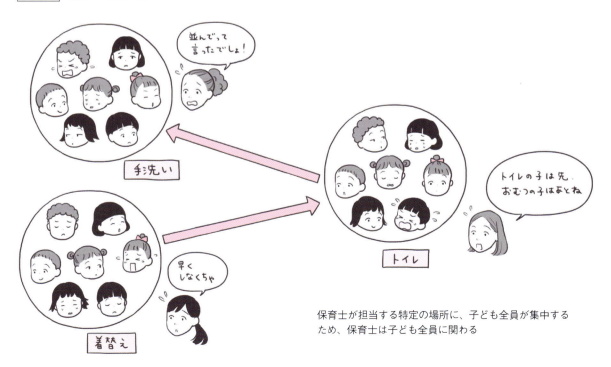

保育士が担当する特定の場所に、子ども全員が集中するため、保育士は子ども全員に関わる

いうことです。グループ担当制や、場所の担当制では、大人のペースで援助が進められていることが危惧されました。

グループ担当制と場所の担当制における保育士の援助に大きな違いがない、ということは子どもの集団規模に関わらず、同じように保育が行われている、というふうに考えることもできます。集団規模が小さくても、グループ担当制が小さな一斉保育になりやすいことも危ぶまれます。

グループであれ、全体であれ、複数の子どもが同時に同じ行動を取る場合、保育士の援助は慌ただしいものになります。慌ただしいことが前提であれば、臨機応変に、てきぱきと援助を進める保育は、肯定的に捉えられるのでしょう。てきぱきと援助を進める手腕、そのために動作や言葉かけの回数が多いことが、保育の「高いスキル」として評価されてきたことは否定できません。

しかし、子どもにとって、そうした「高いスキル」によって、つまり慌ただしいなかでてきぱきと進められる援助を受けるということは、まさに「受け身」となり、受動的立場に立つこととなってしまいます。3歳未満児では、子どもが「お世話を受ける」という受動的立場に立ちやすくなるからこそ、主体として行為に参加することが大切です。

●育児担当制と
グループ担当制・場所の担当制

育児担当制（図 1-5）とグループ担当制・場所の担当制の間には、いくつもの違いが認められました。保育士の子どもに対する「援助の回数」を見ると、グループ担当制・場所の担当制の方が回数は多いのですが、保育士の援助の「言語と動作の一致」を見ると、育児担当制の方が顕著に多いという結果が現れました。

「言葉と動作の一致」は、保育士の動作に言葉をそえて行われるものです。子どもの関心を、今行われている動作に向けるとともに、言葉の理解を促すものでもあります。つまり、グループ担当制・場所の担当制では、保育士がてきぱ

| 図1-5 | 育児担当制 |

食事や排泄などの生活場面では1対1を基本とする

子どものサインをしっかり受け止めて成立するやりとり

きと援助を行っているけれど、子どもに対する言葉がけと保育士の動作が一致することは少なく、一人の子どもに対して、子どもが理解できるように丁寧な保育が行われているとは言い難いと推察されました。

　援助の回数だけを見ると、育児担当制では、援助の回数が他の担当制に比べて多いとはいえません。しかし、その援助は、子どもの意識を行為に向け、主体として行為に取り組むことや、場面の理解を促すものであるといえます。保育士の援助は、回数だけではなく、質が問われるものです。それを考慮すると、援助とは保育士からの一方的なものではなく、子どもからの発信に応えているか、そもそも子どもとの交流が成立しているかなど、様々な側面を見る必要があります。3歳未満児に対する保育士の援助は、言葉かけや動作的な援助の回数が多いからといって、必ずしもそれが丁寧かどうか、判断することはできません。

　食事場面における子どもの発信に対する保育士の応答性を見たところ、育児担当制では子どもの発信に対する応答性が高く、育児担当制ではない保育ではそれが低かったという結果を得ました。子どもからの発信は、言葉だけで表されるものではありません。表情や動作、視線など「言葉ではない」方法で発信するサインをキャッチして、それに応えることによって丁寧な援助が成立します。

　一人ひとりに対する丁寧な援助とは、保育士からの一方的なものではなく、子どもと保育士の双方向的な「やりとり」によって成立するものです。子どもから発せられる言葉以外のサインをキャッチするには、常に特定の保育士が子どもに関わることを通して得た「子ども理解」が必要です。

　どんな形態であれ、担当制であれば一人ひとりの子どもに丁寧な援助を行っている、とは言い難いというのが現状です。しかし、育児担当

1章 乳児保育の課題と考え方

制は、子どもの発信に対する応答性が高く、一人の子どもに対して確実に援助が行われているということができます。

遊びの援助と様々な担当制

次に、子どもの遊びの形態から様々な担当制を見ていきます。

●グループ担当制と遊び

グループ担当制で、グループで一つの遊びに取り組む場合には、場所の担当制と同様に遊びの主導権は保育士がもつこととなります。グループで遊び、グループで動く、という点で子どもはグループに従属するということになり、このグループのなかで、一人ひとりの遊びや生活が保障されているかどうかが焦点となります。一人ひとりの遊びを保障することは、子どもにすべてを任せて放任することとは異なります。子どもから見えるところで遊びを見守り、必要な時には適宜手助けを行うことが基本です。

保育図書や保育雑誌に紹介されている３歳未満児の遊びには、大人が主導するタイプのものが多く見られます。同時に３歳未満児であっても複数の子どもが一緒に遊ぶような集団志向のものもたくさん紹介されています。こうしたタイプの遊びが、３歳未満児、特に低年齢児に適しているかどうかは、よく吟味する必要があります。何より大人が遊びを主導し、盛り上げる、みんなで楽しく遊ぶ、というような遊びについてのイメージを捉えなおす必要があるのではないでしょうか。

このような遊びのイメージと、保育室内に遊びのコーナーを設け、子どもが自分で選んだ遊びを楽しむという遊び方とは、対照的なものといえます。そもそも、大人が主導する遊びを多人数で行う場合には、室内に十分なフリースペースが必要です。複数のコーナーを設置する

と、こうしたフリースペースを確保できなくなります。保育室の空間をどのように使うかという問いと、保育をどのように行うかという問いは、同義のものです。

３歳未満児が集団のなかで育つということは、３歳未満児が幼児のような集団行動をとれるようになることではありません。幼児の保育における集団生活や集団遊びのイメージを３歳未満児に重ねるのではなく、３歳未満の時期からの経験の積み重ねによって幼児期に至るプロセスを想定しましょう。３歳未満の時期を充実して過ごせるような遊びの形態を保障するためには、単に遊びだけを見るのではなく、そのための空間や生活の流れをどう組織するか、という視点も必要です。その上で、子どもの遊びをどう援助するかを考えていきます。

●場所の担当制と遊び

場所の担当制では、リーダーとなる保育士が子どもの遊びを主導することが少なくありませ

子どもが自分の興味・関心からはじめた遊びに没頭する

ん。サブリーダーがリーダーをサポートし、雑用係が遊べない子をフォローする、その形態での遊びは子ども全員が同じ遊びに興じるスタイルです。無論、どんな形態であっても、遊ぶ主体は子どもなのですが、子ども自身が興味・関心に基づいて選び、はじめる遊びではなく、「違う遊びを楽しむ」という選択肢がありません。3歳未満児で、クラスの子ども全員の興味・関心が一致することは、極めて困難です。

　子どもにとって、さして興味がなくても「参加しない」という選択がなく、「参加せざるを得ない」遊びを楽しめるものでしょうか。そうした子どもの消極的な参加の様子が「遊べない子」として捉えられてしまうこともあります。

　保育士は、子どもが遊びに参加し、それを楽しめるよう、様々な配慮を行ったり工夫したりします。そこには熱意と創意工夫、そして真摯な姿勢があります。対象が幼児であれば、それは子どもの遊びが豊かに展開されるための援助手法の一つとなり得ます。3歳未満児は、子ども全員が一つの活動に取り組む時期とは言い難く、むしろ、一人遊びからはじまる遊びの経験を重ね、発達のプロセスを進むことを援助する時期です。この時期の遊びの援助手法は、幼児期のものとは異なります。場所の担当制による遊びの援助は、幼児期であれば有効な手法の一つとなるでしょう。

●育児担当制と遊び

　子どもの健やかな発達の支援は、もちろん遊びのなかにも存在します。3歳未満児の遊びは、子どもの興味・関心からはじまり、子どもの自主的な行為として尊重するべきものです。はじめての遊びでは、保育士がモデルを見せたり、子どもを誘ったりしてきっかけを提供したとしても、遊びそのものが子どもの自主的な活動となるよう、遊びの主導権を徐々に子どもに渡していきます。3歳未満児のクラス全員に対し、一緒に同じ活動を求めることには無理があります。一人ひとりの子どもの興味・関心が一致することは難しいからです。また、友達への興味・関心を育てたい場合でも、子ども同士のやり取りは1対1からはじまります。遊びは一人から少人数で行うことが基本です。

　育児担当制では、子ども自身で自分から遊びを見付けられるよう、物的環境を充実させることを重視します。子どもの興味・関心は短時間で移り変わっていくので、少人数での遊びでも同じメンバーで長時間継続することは困難です。一人ひとりの興味・関心に応じて、子どもがじっくりと遊びが楽しめるように、育児担当制では遊び場面での援助者を必要以上に固定せず、フレキシブルに対応します。特定の保育士が特定の子どもの遊びだけを援助するのではなく、子どもの興味・関心に応じて他の保育士に援助を任せ、必要に応じて他の保育士の担当の子どもを援助します。育児担当制は保育士が単独で行うものではなく、保育士同士の連携によって成立するものです。

落ち着き安心して、自分がやりたい遊びに没頭する

3 乳児保育の現状と課題

3歳未満児の保育需要の増大に伴い、認可保育施設における3歳未満児の受け入れ拡大が続いています。現状と課題を整理してみましょう。

3歳未満児の保育の現状

●クラス運営の困難感

3歳未満児の保育の課題というと、一般的には、まずクラス内の子どもたち一人ひとりに発達上の差が大きいことと、同年月齢であっても個人差が顕著であることから、一般的には「0歳2か月から2歳の子どもが混在するクラス運営の難しさ」が挙げられます。確かに3歳未満児では、1クラスのなかにいる子どもたち一人ひとりの発達の差、個性の違いは小さいものではありません。

しかし、4月生まれの子どもから3月生まれの子どもまでが1クラスに混在するのは、3歳以上の幼児クラスでも同様です。幼児では、クラス単位での子どもの活動がある程度可能となり、クラス集団として遊びなどに取り組むことが多く行われています。

3歳未満児の場合は、一人遊びや平行遊びが主であり、複数の子どもが一緒に遊ぶ連合遊びでも、実際のところは個人の興味・関心が優先されるものです。したがって、3歳未満児には、幼児のような集団での活動は適しているとはいえません。

3歳以上の幼児クラスと3歳未満児のクラスで、同様のクラス運営を想定することには無理があります。3歳未満児のクラス運営は、幼児クラスの運営とは異なることを念頭に置き、3歳未満児の発達に適した保育を行うためのクラ

ス運営を考えることが必要です。従来の幼児クラスでの保育の定型ともいえる一斉活動型の保育を基本として想定すると、3歳未満児のクラス運営が困難であることは当然といえます。

●保育の方法

3歳未満児保育の課題の一つに、昔から同じ方法で保育が行われていることが挙げられます。0、1歳児であってもクラス集団で一斉に一つの遊びに取り組み、食事や排泄といった生活援助も同じ時間に子ども全員が一斉に行う、という方法で保育が行われていることが少なくありません。3歳未満児の保育はニーズ先行で拡大してきましたが、その時代の3歳未満児の保育の方法に関する研究はほとんどなく、実践者の試行錯誤によって保育が行われてきたといえるでしょう。そうした試行錯誤のなかでは、幼児クラスの保育スタイルがモデルとなり、一斉方式での保育が定着したのではないかと推測されます。しかし、1965年のソビエトでは既に生後2年から行われる小グループの課業では、少人数で行われることが大前提とされていました。さらに、大人主導の教授的遊びを全グループ一斉に行うべきではないとも明記されています。

●「みんなと一緒に」

2歳児クラスの保育について、ある年の保育カリキュラムを追ってみます。

カリキュラム 春には保育者との信頼関係をつ

一斉に行動すると、保育士が子ども一人ひとりに丁寧な対応を行うことが困難になる

1章 乳児保育の課題と考え方

くります。それによって、クラスを全体として早くまとめることにつながると想定して保育を行います。食事では、子どもはこぼしても一人で食べさせるようにし、トイレはみんなで一緒に行きます。

保育所に慣れてきた初夏のころには、設定保育は短時間にして自由遊びを多くします。設定保育では、集団としてのまとまりを作っていけるよう、集団ゲームなどを取り入れ、みんなで遊ぶ楽しさを知らせます。食事は友だちと一緒に、そろって食前・食後の挨拶をします。遊びでも生活習慣でも、みんなと一緒にそろって行うことが極めて効果的なのでみんなと同じように集団の流れに入ってこられない困った子どものことも、よく話し合うことにしています。夏には、みんなと一緒に遊ぶ楽しさがわかるようになり、集団の決まりがわかってきて、保育者の指示に従って行動するよう一人ひとりに働きかけます。

夏休み明けには生活の乱れを取り戻すため、みんなと一緒に行動することを目標とします。みんなが興味をもつような経験をそろって行い、自分勝手な行動に気づかせます。秋の運動会では、みんなと一緒に体育的な遊びを楽しめるよう、みんなが参加できるような場をつくります。そして保育者の合図で、みんなで後片づけをします。

解説 春に出会った子どもたちと信頼関係を築いた結果、秋にクラス全体がまとまることが大きな目的となっています。食事をこぼしても一人で食べさせるのは、子ども自身の「食べる」意欲を尊重するためです。トイレに一斉に行くことでは、生活リズムと衛生習慣を形成することをめざしています。そして、保育所に慣れてきたころには、みんなで遊ぶ楽しさを知らせるなど集団を志向する活動が始まります。みんなが興味をもつような経験、みんなが参加できる場、集団での活動に入ることが一人ひとりの子どもに課せられた課題であることが読み取れます。

ここに挙げた保育は、1967年発売の月刊保育雑誌に掲載されていた2歳児の保育カリキュラムとその解説を抜粋して筆者がまとめたものです。1967年は、厚生省（当時）からはじめての保育所保育指針が公布された2年後です。この保育カリキュラムからは、当時の2歳児クラスでは、クラス単位で一斉に生活や遊びが行われていること、子どもが集団生活という大きな流れに入っていることが評価されている様子がうかがえます。当時の「保育者と信頼関係を築き、子どもが安定する」ことを起点に目指

していたのは、子どもがクラス全体のなかに入ることであり、保育士は遊びでも生活でもクラス全体を一斉に動かすことが日常的な保育活動だったようです。「みんなで一緒にトイレに行く時や列を作って移動する時には、お互いにつながって歩かせるようにすると、散らばる心配もなく、子どもたちも安心して行動できる。」これは1961年4月の2歳児保の保育での配慮事項です。保育士は、みんなで一緒に行動することが2歳児にとってむしろ有効であると考え、保育を行っていたことがわかります。

保育所保育指針が策定された1960年代には、こうしたスタイルで3歳未満児の保育が実施されていました。それから50年以上が経った今日でも、3歳未満児の保育室では、同様の保育が行われていることがままあります。ともすれば「みんなと一緒に」ということを志向し、食事では当然のように全員そろっての「いただきます」ではじまり、トイレにも全員で行くような場面にしばしば出会うのです。50年前と同じ保育が行われている、と言いかえることも可能かもしれません。これは今日の3歳未満児保育における大きな課題です。

3歳未満児の保育の課題

● 3歳未満児のクラス運営のあり方

保育所保育の基本を示した保育所保育指針は、クラス運営の方法を明記するものではありません。しかし、保育所保育指針に示されている内容を精読すると、3歳未満児では、個別の対応を重視し、子どもの活動でも個別性が高いことが示されています。保育の方法として示された環境は、「豊かで応答性のある環境」が求められています。3歳未満児が環境に働きかける場合、それは子ども自身の行動であり、活動は個別のものであると考えるのが自然です。子どもを主体とするならば、一人の子どもからはじまる活動を想定し、一人ひとりの子どもそれぞれが、個別に活動を充実させることを基本と捉えることが重要です。

● 3歳未満児の発達に適した保育方法の確立

保育施設の役割は、子どもの発達を保障することです。そのためには、子どもの発達に応じた形態と活動が求められます。3歳未満児の発達を踏まえた遊びや生活が、幼児期の子どもの遊びや生活と異なることは当然です。子どもの発達にはプロセスがあり、時期によって見せる姿は大きく異なります。5歳での目指す姿を簡素化して子どもの活動を構成するのは見当違いです。0歳からの発達のプロセスを確実に歩めるようにすることが大切です。年齢によって、保育の方法が異なることは、むしろ自然なことといえます。0歳からの発達プロセスを丁寧に援助するための保育方法を確立することは、大きな課題といえるでしょう。

子どもが主導する遊びを尊重する

子どもの発信を受け止め、応える（応答性）

4 子どもの発達特性と望ましい保育

3歳未満児の望ましい保育実践に際し、発達特性を踏まえることは基本中の基本です。ここでは保育の大前提について解説します。

愛着

特定の保育士と子どもが結ぶ信頼関係の重要性は、保育の基本の一つです。これについては保育所保育指針や保育所保育指針解説の様々な項目で言及されています。特に3歳未満児には、特定の保育士との間に結ばれる愛着が非常に重要です。

愛着とは、ある人と愛着対象（人物）との間の絆やつながりを意味し、安全、安心、保護への欲求に基づいた絆です。人が未熟で脆弱な乳幼児期には最も重要であるといわれます。愛着対象となる人は、子どもにとっての基地となり、そこで子どもは自律性や気持ちをコントロールする力（情動制御能力）や円滑な対人関係を築くための社会性の基盤を身に付けます。この基地への信頼は、子どもの探索行動を支えます。乳児の探索行動は、愛着対象がそばにいる時には増加し、いなくなると減少することは有名です。

乳児期の探索は、まさに子ども自身の主体的行動による経験であり、発達の根幹を支える重要なものです。子どもの思考は操作からはじまるといわれます。操作は子どもが興味・関心をもったものに対する直接的な働きかけであり、子どもと外界との相互作用です。乳児期の子どもは探索活動のなかで意欲的に粗大運動や微細運動を行うとともに、多くの操作を経験します。子どもが特定の養育者との間に結ぶ愛着によっ

て情緒が安定し、それによって周囲への興味・関心が生まれます。そうして生じた興味・関心が子どもを動かし、子ども自身の自主的、主体的行動がはじまります。体を動かすこと、周りに働きかけること、そうした子ども自身の行動からはじまる直接的経験が子どもの発達を支えます。

子どもの愛着の対象は主たる養育者ですが、家族、近親者など複数の人と愛着を結ぶことが明らかにされています。今日のように、長時間を家庭外で過ごす場合、特定の保育士も愛着の対象となります。この場合に重要なことは、特定の保育士と子どもの関係が持続し中断されないことです。

落ち着いて安心できる人と着替える

●乳児保育における愛着形成の重要性

愛着とは、安全、安心、保護への欲求に基づいた絆です。エインスワース（Ainsworth, M.）は、愛着対象への安心感があることで、子どもの探索行動が増加することを示しました。愛着関係が築かれていることで、子どもは安心して

探索を行うことができ、探索による学習によって子どもの発達は進みます。愛着関係の保障は子どもの自立性を促します。

ボウルビィ（Bowlby, J.）によると、子どもは生後12か月までに複数の愛着対象をもちます。また、ヴァン-イーツェンドゥンアン（Van IJzendoorn, M. H.）らは乳児と専門的養育者（保育士）との関係は、実際の愛着関係であると述べました。その際の保育士が、身体面・情動面での養育を行うこと、そして子どもの生活において連続性と一貫性をもたらすこと等を特質としてあげました。エインスワースは保育施設における集団保育場面においても愛着関係形成が可能であることを示唆します。ただし、そこでは子どもと保育士の関係が持続し中断されないことが重要であると述べています。

保育所保育指針においても、この時期の子どもに特定の大人との情緒的絆が形成されることに言及しています。情緒的絆を形成するためには、特定の大人が応答的に関与することが重要であると示されています。

愛着の形成は、子どもの情緒の安定に直結するものである。保育所保育の特性は、養護と教育の一体的実施であり、養護とは子どもの生命の保持、および情緒の安定を図るために保育士等が行う援助や関わりです。この時期の子どもを対象として保育を行う保育士は、一人の子どもに対する特定の保育士として、応答的関与が求められるとともに、その関与の連続性や一貫性を保つことが必要といえます。

共同注意

共同注意とは、子どもと大人が共通の対象物上で相互に視線を結び、それを共有しようとする現象です（大藪、2004）。生後9か月前後の子どもが身振りや指さしで要求をする際に、大人と子どもが同じものに意識を向けることで成立する三項関係は、共同注意の一つです。

子どもの興味・関心を捉え、それに応える

共同注意は子どもの発達に伴って形態を変化させていきます。共同注意の初期に出現する前共同注意は、子どもと大人が情動を共有する現象です。新生児に穏やかに言葉をかけながら働きかけることで、大人と子どもが「快」の状態を共有したり、新生児がむずかる際には「どうしたの？　お腹がすいたの？」等、言葉をかけると同時に子どもが示す「不快」の情動に同調するかのように働きかけたりすることが、これに当てはまります。生後2か月ごろには、子どもと大人の視線が合うようになり（対面的共同注意）、生後6か月ごろには子どもと大人のいずれかが相手の視線を追って同じ方向を見て、そこにある対象物を注目する支持的共同注意が成立します。ここでは、子どもの視線を大人が追う場合と、大人の視線を子どもが追う場合があります。子どもが大人の視線を追って成立する共同注意は、大人の視線が子どもの足場となる、つまり大人の支持的な関わりが基盤となるものです。

生後9か月ごろに出現する意図共有的共同注意は、子どもの注意が対象物だけではなく、大人に対しても明確に配分される共同注意行動です。子どもと大人、両者が注意を共有する対象物からなる三項関係がより緊密化します。

1歳前後には、子どもが大人の視線を対象物に誘導することによって生じる誘導的共同注意が成立します。典型的な行動に、子どもの手さしや指さしがあります。おもちゃを取ってほしい時など、自分の要求を相手に叶えてもらうための身ぶり（命令的身ぶり：要求の指さし）では、

対象物に焦点が向けられることに対して、一緒に見てほしい「犬」を指さすなど、相手との注意の共有を求める指さし（叙述的指さし：志向の指さし）では、一緒に共同注意する人に焦点が向けられることが特徴的です。

生後15か月ごろ、子どもの初語が発現するあたりから、三項関係に質的な変化が起こります。これまでの三項関係は、子ども〜対象〜大人という三項でした。このころから、子ども〜対象／シンボル（言語）〜大人というように、シンボルとなる言語を用いた三項関係へと変容します。この三項関係を礎に、子どもは言語を獲得していきます。母子の共同注意時間が長いほど、子どもの語彙量が多いことも明らかにされています。子どもが注意を共有するのは、愛着をもつ特定の大人です。特定の大人の存在は、子どもにとって情緒的安定とともに、その発達を支え、より豊かなものにする重要なものです。

社会性の発達

特定の大人との愛着によって情緒が安定すると、子どもは自分の周囲の環境に興味・関心をもち、自発的に働きかけていきます。生後2〜3か月の子どもでも、自分の体に興味をもち、触れたり動かしたりして遊びます。6か月前後で寝返りを打てるようになると、腹這い姿勢で見えるものに興味・関心が広がり、しきりに体を動かして移動しようとします。腹這いの姿勢で移動できるようになると（ずり這い）、興味・関心のある物の方へさかんに移動していき、物をいじって遊びます。子どもが自分の興味・関心のある物に対して働きかけることが子どもの探索活動となります。子どもの興味・関心からはじまる探索活動は一人遊びとなります。

1歳前後では共同注意が緊密化し、人とのやりとりも楽しくなります。このころには大人との簡単なやりとりのある遊びが楽しくなります。子ども同士の視線が合って笑いあったり、模倣が生じたりもします。身近にいる子どもに対して関心を向けることもありますが、その発端は、子どもが持っている物であることが多く、子ども同士の継続的なやりとりが成立することはまだまだ難しい年齢です。むしろこの時期は、一人遊びを十分に経験することが大切です。

一人遊びとは、近くで遊んでいる子どもが使っている物とは異なるおもちゃで、一人で遊んでいる状態をさします。平行遊びは、子どもは独立して遊んでいるが、他児の用いるおもちゃと同じ物か似たおもちゃで遊ぶ状態です。この時、遊びそのものは他児に影響されることはありません。同じおもちゃを複数用意することで、平行遊びが発生しやすくなります。また、同じおもちゃを使っていることで、他児の存在への関心も生じやすくなります。ただし特定の大人と離れて遊ぶことができるようになるのは、2歳ごろからです。

2歳後半では、複数の子どもが群れて遊ぶ姿も現れます。この時期の遊びは、他児と遊ぶが基本的に子どもは自分がしたいように遊び、自分の興味をグループに従属させない連合遊びの形態です。4〜5歳のころには、何らかの目的のもとに組織されたグループで仕事や役割の分担がある協同遊びを楽しみますが、連合遊びはこの協同遊びへの橋渡し的機能を担うといわれています。したがって、3歳になるまでの時期に連合遊びを十分楽しんでいることが、協同遊びの基礎を培うことにもつながります。

社会的ルールの理解を見てみると、9か月ご

豊富なおもちゃが一人遊びを豊かにする

ろには「ダメよ」という制止が理解できます。これは直面した場面での理解であるため、継続的理解ではありません。同じことが起きるたびに、繰り返し伝えていくことによって、子どもはそれを学習します。ここでも、基本軸をぶらさない継続的な大人の関与が重要であることはいうまでもありません。

　他者との関わりに必要なルールの理解についてみてみると、玩具の貸し借りができるようになるのは3歳半ば、他児と物を順番に使えるようになるのは3歳後半です。さらに、二人以上で協力して課題にあたるのは、4歳後半ごろとなります。

　3歳未満児では、子どもが興味・関心をもち、意欲的に遊べるよう物的環境を整え、一人遊びを十分に保障することが非常に重要です。何よりも基本は、特定の人との愛着であり、それが基盤となって、周囲の環境への興味・関心や意欲、そして他者への関心も広がります。

3歳未満児の望ましい保育

　愛着の形成が情緒の安定につながり、それによって子どもが周囲に興味・関心を向けます。そして、それが意欲となり、子どもは周囲の環境に働きかけます。その働きかけこそが子どもの直接的経験であり、子どもの発達を支えます。

　一人ひとりの発達に応じた援助は、遊びのなかだけで行うものではありません。生活行為のなかで、子どもが自分でできることを自分で行い、できないことを助けていく、その繰り返しによって子どもは徐々に新しい動作ができるようになり、新たな行為を獲得していきます。その積み重ねが、基本的生活習慣の獲得を支えるのです。子どもの発達を支える生活援助は、教育的援助となります。

　子どもの遊びは、子どもが環境に働きかけることからはじまります。保育士は、子どもの発達に応じて環境を整え、子どもの遊びを見守り、必要な時には手助けするなどの援助が求められます。また、ふれあい遊びやわらべうたなど大人との遊びでは、子どもの反応を見ながら、子どものペースに合わせて楽しめるようにします。

　3歳未満児の保育では、まず何よりも愛着の形成が求められます。愛着は、子どもが特定の大人、つまり保育士との間に結ぶものです。それは、単に保育室のなかで長時間を一緒に過ごすことで形成されるものではなく、特定の大人が一貫して関わることによって築き上げるものです。

　3歳未満児では、食事、着脱、排泄など生活援助が頻回に行われます。頻回に行われる子どもの生活援助を、特定の保育士が、日常的に、いつも同じように行うのが育児担当制です。特定の保育士による日常的な関わりを通して愛着を形成することで、子どもの情緒が安定し、安心して遊びや生活に臨むことができます。特定の大人との間に成立する共同注意は、子どものコミュニケーションを育て、社会性の発達を支える基盤となります。3歳未満児の保育では、特定の保育士との情緒的絆の形成と日常的かつ恒常的な関わりが不可欠です。それを保障するのが育児担当制といえます。育児担当制の価値は、特定の保育士が行う援助にあるからです。

引用文献

樋口正春編著『根っこを育てる乳児保育―育児担当保育がめざすもの』特定非営利法人ちゃいるどネット大阪発行, 解放出版社, p.45,2013.
厚生省『保育所保育指針』1965.
厚生省『保育所保育指針』1990.
厚生省『保育所保育指針』1999.
厚生労働省『保育所保育指針』2008.
厚生労働省『保育所保育指針解説書』2008.
厚生労働省『保育所保育指針』2017.
厚生労働省『保育所保育指針解説』2018.
大藪泰『共同注意―新生児から2歳6か月までの発達過程』川島書店, p.2,2004.
吉本和子『乳児保育――人ひとりが大切に育てられるために』エイデル研究所, p.4,2002.
和地由枝「第2章 保育の実際」コダーイ芸術教育研究所『乳児保育の実際～子どもの人格と向き合って～』明治図書, p.23,2006.

第2章

乳児の発達と
保育の基本

本章では、年月齢区分に沿って乳児の発達の特性をまとめています。
ここでの区分は、発達の節目の特徴を適切に捉えていた
2008年の保育所保育指針に倣っています。

1 乳児の発達の特性

発達の著しい0〜2歳児。個人差もあり、一人ひとりの発達に合わせた環境と保育士の援助が最も重要な時期です。

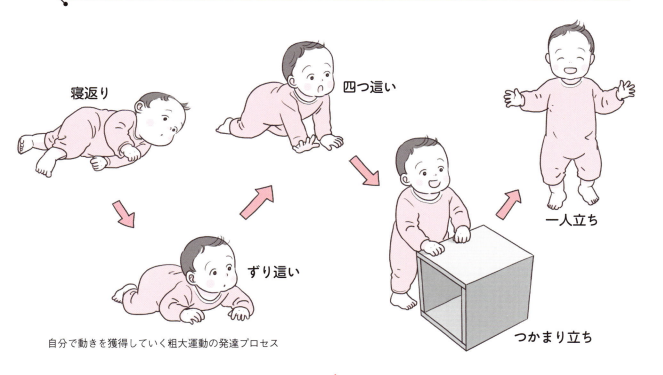

自分で動きを獲得していく粗大運動の発達プロセス

子どもの発達と援助の視点

●発達のプロセスと個人差

子どもの発達には、プロセスがあります。それは、生まれた場所や季節に影響されることのない人類普遍のものです。また、子どもの発達は、身体、認知、社会性などの各領域が単独で進行するものではなく、相互に関連しあいながら進んでいきます。そのプロセスのなかには、特定の年月齢を目安として現れる行動や現象もあります。保育士は、現象の有無だけに左右されず、子どもが歩んでいる発達のプロセスを俯瞰し、子どもが今プロセスのどこにいて、どのような経験が必要なのかを判断し、適切に援助することが求められます。発達のプロセスは普遍的なものですが、子どもによって進み方に個人差があります。子どもの現在の経験が、次のプロセスへとつながることを踏まえて、どう進んでいくのか見通すことが大切です。特に3歳未満児の場合には、個人差が大きいため、一人ひとりの子どもに応じた的確な発達課題の把握とそれにふさわしい援助が必要です。

●人的環境と物的環境

子どもの発達は、子どもが自ら経験を繰り返すことで進んでいきます。特定の大人との愛着により子どもの情緒が安定し、それによって子

どもは自分の周囲にあるものに対して興味・関心をもつようになります。その興味・関心が子どもの意欲となり、子ども自身の自発的な行動へとつながり、自らの経験を獲得していきます。子どもの自発的な行動を引き出せるよう、子どもが興味・関心をもてるような環境を整える必要があります。子どもが様々な経験ができるようなおもちゃを十分に用意します。

保育士は、子どもにとって大切な人的環境の一部です。愛着を結ぶ大人の存在が、子どもの探索活動とそれによって獲得する経験をより豊かなものにします。保育士は、子どもからの「発信」をしっかりと受け止めて子どもに応答することが大切です。また、この時期の子どもは「発信」にも「返信」にも少し時間がかかります。子どものペースに合わせるからこそ、子どもと大人のやりとりは「ゆっくり」になります。保育士が子どもに働きかける際には、子どものペースを意識しましょう。そうした働きかけ、つまり子どもに対する「応答」は個別性の高いものです。共同注意は、こうした子どもと大人の2者間に成立するものです。保育士が子どもを一方的にリードする必要はありません。

遊びの場面では、子どもの活動を見守りつつ、手助けが必要なところで援助することが大切です。生活場面では、特定の保育士が毎回同じ手順で援助を行います。ここでも、子どもが自分でできるところと、保育士の援助が必要なところを見極めることがとても重要です。

食事、排泄、着脱などの生活場面では、繰り返しによる反復学習で、子どもが新たな行為を獲得することを保育士が援助します。それは、単なるお世話ではなく、発達援助といえます。保育所保育指針において「教育」とは、「子どもが健やかに成長し、その活動がより豊かに展開されるための発達の援助」と明記されています。

これに照らし合わせると、3歳未満児の生活援助はまさに教育的援助ということになります。保育士は子どもの生活のなかにある教育的側面をしっかりと意識し、援助を行うことが求められます。

子どもからの発信を
しっかり受け止める

子どもの主体的な活動を見守る

2 6か月未満児の発達と保育内容

誕生から6か月を迎えるまでの時期に、子どもは身長・体重の著しい増加とともに、身体機能や認知の発達においても著しい発達をとげます。

運動面の発達

●腹這いから寝返りまで

生後1か月くらいまでの子どもの姿勢は左右非対称で、手足の動きは反射的な動きをとり、子どもが自分の意思によって動かしているものではありません（不随意運動）。口唇探索反射や吸啜反射、モロー反射などの原始反射がみられる時期でもあります。

3か月ごろには、手足を自分の意思で動かせるようになるため、子どもは盛んに手足を動かします。動かした自分の手をじっと見つめる姿（ハンドリガード）や、両手両足を合わせたり、自分の手足に触れたりして遊ぶ姿などもみられます。左右非対称だった姿勢が左右対称の安定した姿勢をとれるようになり、体幹が安定しはじめ、うつ伏せ姿勢にすると頭を少し持ち上げるなど、少しずつ自分の意思で体を動かせるようになります。自分で少し頭を動かして左右を見まわし、あお向けから引き起こすと頭がついてくるようになるなど、自分の力で頭を支えられるようになるのです。

5か月ごろには、うつ伏せにすると頭とともに胸部を上げて腕からひじ、さらには手のひらで支える姿勢をとることができるようになります。また、支えがあると座ることもできるようになります。新生児のころには握っている状態だった手指は、原始反射の消失とともに開いた状態となり、このころには手を伸ばして物をつ

ハンドリガード
動かした自分の手を見る

うつ伏せ姿勢

頭と胸部を上げ、腕、肘、手のひらで支える

支えられて座る
体幹部はまだ不安定なので支えが必要

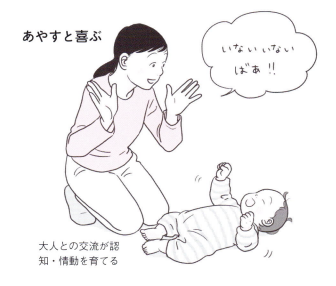
あやすと喜ぶ
大人との交流が認知・情動を育てる

かもうとします。ガラガラなどを持たせると、口に持っていきしゃぶることも多いです。口で感触を確かめることも、物に対する働きかけといえます。

認知の発達

●追視のはじまり

生後1か月前後の子どもの視力は0.02程度で、30cm程度の距離にある物が見えるといわれます。視界に入った物を少しの間注視することができます。

3か月ごろには首が据わるようになり、自分の体を自分の意思で少しずつ動かせるようになるため、動く物を目で追える範囲（追視野）も広がります。このころには、音がした方向に自分で顔を向け、声を出すなどの反応を示します。

自分の意思で手足を動かせるようになると、近くの物に手を伸ばそうとします。

社会性の発達

●愛着関係の形成

新生児のころは、子どもは排泄や空腹などの生理的欲求から泣きます。また、眠りかけの状態のときなどに、微笑みのような表情を見せます。これは生理的微笑と呼ばれるもので、特定の対象に向けて発する微笑行動ではありません。

生後1か月を過ぎると、快と不快が分化し、不快と結び付けて泣きが起きるようになります。大人の働きかけに対して、微笑みや発声を返し、しだいに手足も動かして喜び、3か月ごろには子どもから相手に対して声をともなう笑顔を向けるようになります。このような子どもの発信には、社会的意味が含まれます。4か月ごろには、あやされると声を出して笑うようになり、あやす、あやされる、というような大人との交流によって、人格発達に必要な認知や情動がさらに育くまれるのです。

5か月前後には、特定の養育者の声を聞き分けられるようになり、初期の人見知りがはじまります。この時期は愛着（アタッチメント）の形成過程であり、特定の大人が継続的かつ受容的に子どもに関わることが非常に重要です。

保育内容

 人的環境 特定の保育者の援助を

6か月未満児の生活援助は、一人ひとりの発達過程や心身の状態に応じて、丁寧に行うべき

おむつ交換

いつも特定の保育士が行う

授乳

いつも同じ場所で、同じ手順で特定の人が行う

ものです。食事、排泄、睡眠などの生活行為の援助においては、まず子ども一人ひとりの生活リズム、すなわち体のリズムを把握した上で保育を行います。特に生活援助では、1対1での対応となるため、愛着関係の形成過程であることを考慮し、一人の子どもに対しては、特定の保育士が責任をもって援助を行うことが重要です。

また、食事、排泄、睡眠といった毎日当たり前に行う援助であるからこそ、それらの行為の積み重ねによって、子どもが食事や排泄等の行為を獲得し、やがては自分でできるようになっていくものであることを念頭におく必要があります。そのため、子どもが混乱しないよう、援助行為の手順は毎回同じことを同じように繰り返します。

そして、子どもが参加できる箇所を見極め、できない箇所を保育士が行います。保育士は子どもに言葉をかけながら生活援助を行います。子どもが驚いたりしないよう、心地よく子どもの耳に届く程度の声の大きさを心がけましょう。その際に保育士の言葉と行為を一致させることは、子どもが言葉を獲得するうえで有効な援助

となります。

物的環境　家庭的な雰囲気を

6か月未満児の生活環境は、清潔で安全であることは当然です。子どもが安心して落ち着いて過ごせるよう、心地よい環境を構成することが重要です。なお、この時期の子どもは、手にした物を口に入れて確かめるため、子どもが飲み込んでしまうような大きさの物は、子どもの手の届く位置に置かないことを徹底します。

授乳（食事）、排泄（おむつ交換）など、子どもの生活行為を行う場所を、いつも同じ場所にすることで、子どもの安心感を醸成することが可能となります。食事の場所、おむつ交換の場所など、決まった位置で行うことを基本とし、子どもと保育士の動線を考慮し、保育室のレイアウトを考えることが大切です。

子どもにとって心地よい環境とは、壁面いっぱいにキャラクターやイラスト調の装飾が施されているものではありません。装飾は家庭的で温かな雰囲気をかもしだすものを心がけます。

遊び

人的環境　応答的な関与

　6か月未満児はあお向けの姿勢で過ごす時間が長くなります。そのため、目覚めている時間はできるだけ関わりをもつようにしましょう。この時には、応答的関与を行うことを心がけます。保育士が一方的に働きかけるのではなく、子どもからの発信を受け止め、それに対して反応を返すことを心がけます。また、子どもが自分の手足に触れて遊んでいたり、手を伸ばしてつかんだ物を握って遊んでいたりするときは、それを阻むようなことはせず、子ども自身の行為を尊重して見守りながらおだやかに話しかけましょう。

　子どもの機嫌のいいときには、腹這いの姿勢で過ごすことも可能です。その際は子どもから目を離さず、子どもが腹這い姿勢に疲れたら抱き上げたり、あお向け姿勢に戻したりして、子どもが安全かつ安心して過ごせるようにします。

　おもちゃを使う時は、子どもの目の前でガラガラなどを振って見せ、子どもが手に取りやすいよう正面の手の届く位置で渡したり、子どもが手を伸ばして取れる位置に持ってきたりして、子どもが自分自身で遊びに取り掛かれるようにすることが大切です。

物的環境　子どもの姿勢に即したおもちゃ

　この時期の子どもの遊びはあお向けの姿勢とうつ伏せの姿勢、両方を想定して物的環境を構成します。保育室には月齢の違う複数の子どもが一緒にいることが多いため、それぞれの動きが他児の遊びを阻害しないようにする必要があります。実際の保育現場では、歩行が可能になった子どもの動作と、この時期の子どもの遊びが干渉しないよう、サークル等で空間を区切っていることもあります。

　あお向けの姿勢で遊ぶ場合は、ベビーベッドの中でも子どもが手を動かせば触れることのできる位置に、つかみやすいおもちゃを置くことも有効です。また、追視が可能な速さで動く物をベッド近くに配置し、子どもが興味をもって追視できるような工夫を施すことも可能です。

　うつ伏せで過ごす場合は、子どもの手の届く位置につかみやすいおもちゃを置いたり、ゆるやかに動くおもちゃを置くなどして、子どもが遊びやすいようにしましょう。

　おもちゃは子どもが遊ぶための道具です。おもちゃに触れ、口に入れて確かめ、いじろうとすることが子どもの動作を促し、発達につながります。そのため、おもちゃは十分に用意する必要があるのです。おもちゃは子どもの働きかけに対して反応する物的環境の一部となるため、過剰な反応や一方的かつ一律の反応しか示さない電池式で動く物よりも、よりシンプルで安全な物が望ましいといえます。

2章　乳児の発達と保育の基本

ガラガラに手を伸ばす
子どもの正面、手の届きそうな位置で、ゆっくり動かして見せる

手にした物を口で確かめる

この時期の口は触覚器官でもある

3 6か月から1歳3か月未満児の発達と保育内容

座る、這う、立つ、歩きはじめなどの運動機能が発達する時期。
自分の意志や要求も出はじめます。

ずり這い

両手両足を使って、体の位置を変えようとする

四つ這い

両手両足で上半身を支え、四肢を協調させて移動する

運動面の発達
①粗大運動

●寝返りからハイハイまで

　6か月ごろの子どもは、あお向けから全身を左右に向ける姿勢をとり、しだいに寝返りをうつようになります。腹這いになると、両腕は斜めの位置で両手を開いて体を支えます。目の前に手を伸ばすなどして、片手でも支えられるようになると、やがて胸で体を支え、両手両足を上げ飛行機のような姿勢をとるようになります。また、物をとろうと手を伸ばし、片足で床を軽く蹴ることにより、その場で回転したり、両手に力を入れて屈伸の動作をとり、後ずさりしたりします。

　やがて腕と足の動きを協調させ、腹部を床につけた状態で前進するのが、ずり這いです。自分の意思で目的に向かう移動がはじまります。腕や足に力がつくと、手を伸ばした状態で手のひらとひざを床につき、上半身を支えて移動する四つ這いへと進みます。

　この状態からさらにひざを伸ばし、足の裏を床につけ、四つ這いよりも高い腰の位置で移動するのが高這いです。高這いは手のひらと足の裏を交互に動かして進みます。ハイハイは四肢の協調をともなう移動であり、手足を上げる動作は瞬間的に不安定な姿勢となります。その際、全身の筋肉を協応させ平衡を保つ力を培うのです。この平衡感覚は、直立歩行の際に不可欠となります。ハイハイでの自由な移動が可能になることは、空間認知にも影響を及ぼすとい

つかまり立ち　　　　　　　　　一人立ち

両足と手がかりになる物の3点で体を支える　　両足で体を支えつつ、両手でもバランスをとる

われています。

　支えられて座る状態から、両手をついて体を支えて座るようになり、9か月ごろには両手をつかずに背筋を伸ばして上半身を支え、安定した座位姿勢がとれるようになります。寝返りをうち、腹這いになり、そこから両手をついて体を引き起こして座るなど、姿勢の変換が可能になります。自分で座れるようになると、腕を自由に使えるようになります。

● **立って歩くまで**

　10か月前後には、高這いの状態から両手で物につかまって両足に力を入れ、立ち上がります（つかまり立ち）。手がかりになる物と両足の3点で体を支えています。この状態から、物につかまって片足ずつ横に踏み出し、伝い歩きへと進みます。両手でつかまっている状態から、片手を支えに立つようになると、両足で体を支える状態に近づきます。手が離れると、一人立ちです。12か月ごろには、座った状態から両手を床につき、中腰の姿勢を経て直立できるようになります。直立しはじめたころは両手を上げて

いる姿勢で立ちます。15か月ごろにはこの状態で数歩、歩くことができるようになります。

運動面の発達 ②微細運動

● **握る**

　6か月ごろには、手がより自由になることが大きな特徴です。両手で持ったものを片手に、さらに反対側の手に持ち変えることも可能になります。手のひらを開いて物を握る際には、親指と人差し指の間が90度程度開き、ミトンのように親指を使って手のひら全体に包むようにして握ります。しかし、両手に持ち続けることは、まだ不十分で、自分で目標に向けて離す操作ができないため、手にした物が手から離れるまで持っていることが特徴です。この時期は様々な物を触ったり、持ったり、引っ張ったりという動作で遊びます。

　9か月ごろには、主に親指と人差し指を使い、手のひらで物を握ろうとします。人差し指

に力を入れて使いはじめます。両手に持った物を、体の正面で打ち合わせることも可能になります。器の中の物を取り出して遊ぶのもこの時期です。また、ペンを持つと腕を上下に動かしてペンを紙にたたきつけるように、なぐりがきをします。

　12か月を超えると、ペン先を紙につけ、同時に視線をペン先に向けて、左右に動かし、横の往復のなぐりがきをするようになります。

●つまむ

　8か月前後にみられるリーチング（興味ある物に手を伸ばす行為）は、腕や手指のコントロールとともに自分の外の目標を設定し、体をコントロールする能力の発達とも捉えられ、子どもの意図の発生と関係すると考えられています。

　11か月を過ぎるころには、親指と人差し指を使って、物をつまめるようになります（ピンチ把握）。器に入れたり、載せようとしたり、ねらいを定めた位置に物を操作することが増え、相手に渡すこともできるようになります。また、積み木など定められた位置にある物の上に、別の物を載せることもできるようになります。

認知の発達

●喃語

　6か月ごろには、自分の分化した要求に関連をもつ喃語を発し、大人の注意をひきます。音声の強さや高さを変えて音節を連ねた様々な喃語が現れるのもこの時期です。機嫌のよいときなど、自発的にしゃべるような発声をすることも増えてきます。

　9か月ごろには、喃語に志向性が表れるようになり、機嫌のよし悪しや要求の前後で喃語の種類や表現が変わってきます。また、抱かれていても行きたい方向に手を伸ばすなど、

物を打ち合わせる
両手の動きを協調させ、体の正面で物を扱う

なぐりがき

ペンを握って、手を上下に動かす

共同注意
大人が指す物を一緒に見る

マンマ

初語の発現

特定の意味をもつ「言葉」を使う

志向性をともなう要求の手さしがはじまります。

●三項関係

10か月ごろには、叱られたこととほめられたことの区別ができ、「マンマ食べようね」「ワンワンだよ」などの呼びかけに該当する物を見たり、応えるなど言語の理解が進みます。抱かれているときに相手が指さした物を一緒に見ることが可能になる（共同注意）のもこの時期です。それまでの子どもと対象（物、人）という2者の関係から、子ども～他者～対象という三つの関係を取り結ぶことができるようになり、三項関係が成立します。ここには、注意を共有する他者への強い関心が必要で、情緒的な結び付きが求められます。これらの条件が満たされてはじめて、他者が言葉を向けている物が何であり、他者が物を介して自分に働きかけていることも理解できるようになるのです。

このころ、子どもにとって意味のあいまいな状況下で、主たる養育者の表情などの情報を手がかりに自らの行動を抑制・制止したり促進したりするなどの判断を行う、社会的参照もはじまります。

直線的に動くおもちゃが一時的に隠れると、進行方向についての見通しをもって再び現れることを、予測できるようにもなります。目に見えない物をイメージする力の芽生えともいえます。鏡に映る自分がわかるようになるのもこのころです。

●指さし

11か月を過ぎるころには、「マンマ」など特定の意味をもつ初語が出てきます。12か月ごろには、対象にしっかりと対応する言葉が数語現れはじめます。また、目の前にある物や新たに見つけた物を指さす「志向の指さし」がはじまります。指さしは、発語の前兆です。保育士は、子どもが指さす物をともに眺め、「ワンワンね」「コップね」など、言語化して子どもに返していくことが重要です。

人見知り

知っている人と知らない人を区別する

バイバイ

動作と言葉を結び付けて使う

　12か月を過ぎるころには、自分の主張や要求をストレートにぶつけるようになり、要求は喜怒哀楽と率直に結び付いて表現されます。まだ自分では感情が調整できないため、大人の援助が必要です。これは、自我の芽生えといわれる姿です。このころには、自分の行きたいところ、欲しい物を指さして示す「要求の指さし」も現れます。指さしは、11か月ごろから増加し1歳3か月くらいで頻度が4倍ほどに増えたあと、安定期に入り、1歳9か月ごろには減少します。つまり、指さしは一語文のころによく現れるものといえます。

社会性の発達

●人見知りがはじまる

　6か月ごろの子どもは、養育者に抱かれている時などに、他者から声をかけられると、一瞬他者を見て、すぐに養育者にしがみつくような姿をみせます。その際、再び相手を見て、さらに反対側を見ることも特徴です。人見知りのはじまりです。

　8か月ごろには、養育者の後追いが増えます。主養育者との情動交流が強まる一方、他者に対する不安が強まります。見知らぬ人を見て泣いたり、体を硬くしたりするなど人見知りが強くなるのもこのころです。保育士は、子どもが安心できるよう働きかけます。

●模倣の時期

　9か月ごろになると、「バイバイ」という言葉に合わせて手を振るなど、言葉と動作の結び付きが表れるようになります。このころには身振りの模倣も盛んになり、さらに布で顔を拭こうとするなど道具を使った模倣もはじまります。タオルは顔を拭く物、電話は耳にあてる物、という物の意味が理解できるようになると、音声にも意味付けがされ、それが言葉となります。子どもはこのように物や事象を見る、聞く、触れる、など五感を通した経験から、言葉のもととなる認知能力も高めていくのです。

このころには、子ども、物、他者の3者が同時に関わる遊びへと変容します。三項関係の成立であり、子どもが他者に自分の考えを伝えようと意図し、それを身ぶりや手さし、指さし等の行動で示すことが特徴です。言葉そのものは使用しておらずとも、言葉が果たすコミュニケーションの基本的役割がみてとれます。

11か月ごろには、相手からの「ちょうだい」に対し、相手の表情を見て、自分の手に持っている物を渡すことができるようになります。大人のしぐさをまねる模倣や、「ありがとうは？」など、大人からの言葉かけによって該当する動作も可能になり、言葉が動作を誘発するようになります。子どもが大人からの言葉を待ち、相手からの働きかけを期待し、それに応えようとする「期待のシステム」の成立です。

12か月ごろには、自分よりも小さい子が泣いているのをじっと見たり、他児が持っているものに手を出したりする姿も見られます。他児の行動をまねることもあります。このころは、自分の興味・関心をストレートに行動化しており、相手の心情を推察することはまだまだ困難です。集団保育の場では、おもちゃの取り合いやかみつきなど子ども同士のトラブルが起こりはじめるようになります。

保育内容

人的環境　保育士間の連携

この時期の子どもの健やかな発達に、主養育者と結ぶ愛着関係は不可欠です。そのため、保育所等においても子どもが特定の保育士と関係を結び、発達を適切に援助できるよう、特定の保育士が担当の子どもに食事、排泄、入眠等の日常的な関与を行います。子どもが安心して生活を送るため、一人ひとりの生活リズムは毎日同じリズムで繰り返すことが大切です。突発的な事象は子どもの予測に反することとなり、不安を招きやすくなります。子ども一人ひとりの生活リズムを把握し、担当保育士の援助の流れを確認し、担当する複数の子どもの生活の流れを構成します。

さらに、複数の保育士間で、生活時間の流れを確認し、クラスの中での生活時間を構成します。一人の保育士が、丁寧に一人の子どもに関わるためには、複数の保育士がそれぞれの動きとクラス全体の動きを把握しながら行う必要があり、保育士間の共通理解と連携が不可欠となります。

簡単な言葉の理解

● 生活習慣

　生活場面での援助では、食事、排泄など一つの行動のなかの行為を細かく区切って捉え、子ども自身が行うところ、保育士が援助するところを整理します。行為の前に必ず子どもに言葉をかけ、子どもに次の行為を知らせます。言葉と行為を一致させることも、言葉の獲得につながる重要な働きかけといえます。言葉と行為の一致は、行為に子どもの意識を向けることでもあります。子どもの意識が向いていない状態で行為を行うと、子どもは完全に客体となり「してもらう」状態となります。どんなに幼くても、子どもは行為の主体です。子ども自身が行為に意識を向けられるように働きかけることが大切です。

【食事】

　離乳食から普通食へと移行する時期です。子どもが自分でいすに座れるようになり、スプーンを持ちたがるようにもなります。スプーンは子ども用と食事介助をする大人用の2本を用意し、大人は「子どもができないところ」を介助します。

【排泄】

　子どもの排泄時間の間隔を把握し、おむつ交換等はそれに合わせて行います。

【着脱】

　ズボンの片足に足を入れる際、自分の足を上げるのは子ども、子どもの足にズボンの入り口を合わせるのは保育士、次に足を伸ばすのは子ども、というように子どもができる箇所を把握し援助します。

物的環境 **転倒時期の安全に配慮**

　家具を配置する際は、子どもの動きがスムーズにとれるよう、動線に配慮し、つかまり立ちや伝い歩きをしやすいよう、手がかりとなる家具の位置を考慮します。歩きはじめは、動作と重心のバランスが不均衡になりやすく、転倒しやすいです。また、手につかんだものを口に入れて確かめるため、子どもの口に入る物は子どもの手の届く位置に置かないよう徹底し、誤飲事故を防止します。

　また、子どもが使ういすと机の高さを点検し、子どもが無理のない姿勢をとれるよう配慮しま

自分で座って食事

スプーンは子ども用と大人用の2本を用意する

着脱

子どもができること、大人が手伝うことを見極める

ダイナミックに遊ぶ
安全な範囲を意識する

わらべうた遊び

子どもが遊びに参加し、対等に交流することを心がける

す。子どもがいすに腰かけたとき、両足が着地し、姿勢が安定するよう、いすの足元に台を置いたり、背面に薄めのクッションを入れたりするなども有効です。

遊び

人的環境　情緒的交流を図る

この時期は、子どもの探索が活発になり、自分から様々なものに働きかけます。保育士は、子どもが見つけたものを一緒に見て言葉をそえたり、子どもが遊びに取り掛かるきっかけを提供したりします。子どもの関心や動きを先取りせずに、子ども自身が何を楽しんでいるかを見極めながら、必要な場面で遊びを助けます。保育士は子どもの楽しみ方や喜び方に合わせ、子どもの反応に対して丁寧に応えることが大切です。

体幹が安定してくるので、大人との少しダイナミックな遊びも楽しめます。「たかいたかい」などにも歓声を上げて喜びますが、「ゆさぶられっ子症候群」には十分気を付けましょう。わらべうたでは、大人が子どもに語りかけるように歌いながら、おだやかな触れ合い遊びを楽しみます。わらべうたは、大人との身体接触と情緒的交流をともなう遊びともいえます。大人が一方的に働きかけたり、主導したりするのではなく、大人の働きかけに対する子どもの反応をとらえ、それに対して反応を返すという相互交流が大切です。

物的環境　自主的な動きを促す環境

この時期は、腹這いから高這い、つかまり立ちや伝い歩きなど、子ども自身の動きによる移動が活発になります。子どもの動作は次の行為を獲得する練習にもなるため、十分に動作を行える環境が必要です。トンネルやゆるい傾斜のスロープ等は、子どもの自主的な動きを促すのに有効です。つかまり立ちの手がかりになるような高さの遊具や家具は、月齢の違う子どもの動線を考慮し、配置します。物を出したり、器をひっくり返したりするのはこの時期の子どもが好む遊び方です。手指だけではなく、同時に腕を使うことも意識し、遊び道具を整えましょう。

4 1歳3か月から2歳未満児の発達

歩行も確立して言葉も話しはじめるころ。人と物との関わりも強まり、他者の話も分かってくるようになります。

運動面の発達 ①粗大運動

●歩行が安定し全身を使って動く

1歳3か月を超えると、歩数も徐々に増え安定した歩行が可能になります。1歳6か月ごろには、それまでバランスをとるために上がっていた両手を下へ降ろして交互に振り、足を交互に出して歩きはじめます。物を運んだり、車などを押して動かしたりすることも可能になります。ボールを足で前に蹴るなど、足を使うことも少しずつ上手になりますが、階段などは1段ずつ両足をそろえてから上がります。目標に向かって移動する際、間に障害物があると、別のほうから回り込んだり、方向転換をしたりして目標に到達できるようになるのもこのころです。たとえば砂場で遊ぼうと思ったら、すでに他の子どもが使っていたので、空いているブランコに向かっていく、というような場面に応じた調整を行うことができるようになります。

1歳6か月を過ぎると、しゃがんで遊んだり、かがみこんだりと斜めの姿勢がとれるようになり、かがんだ姿勢でも転倒せずバランスをとれるようになるのがこのころです。歩行から小走りになったり、ゆっくり進んだりと、長時間、調整しながら動けるようになります。単なる移動ではなく、覗いたり、触ったり、探索活動をしながら移動を楽しみます。

歩行の安定
歩行時の重心が安定し、物を押したり運んだりすることも楽しめる

小走り

重心を保ちながら、スピードを出すことも可能になる

手指の操作

手指で細かな調整を行いながら物を扱う

言葉の理解

体の部位を特定し、さらに言葉が結び付く

運動面の発達 ②微細運動

●つまむ、すくうなど指先の操作が可能に

1歳3か月のころには、親指と人差し指で物をつまんで皿など別の物に入れたり、はめたりすることができるようになります。

1歳6か月のころには、持っている物と入れる物を見比べて、入れる物に方向を合わせて入れるための調整を行うことができます。このころには、バランスと調整の働きが特徴的な操作を行うようになります。積み木などの物を載せる時も、積み替えたり、やり直したりして、より慎重に、崩れないよう注意深く重ねて載せるようになり、3個以上の積み重ねが可能になります。

1歳後半では、これらの操作はさらにしっかりと行えるようになり、10個までの積み木のほとんどを積めるようになります。積み重ねる間に細かい調整を行い、操作のたびに細かな感情表現も入ります。腕や手指を使うことが上手になり、器にスコップで砂を入れたり、水を汲むなど道具の操作を行います。腕を上下左右の方向にスムーズに操作できるようになり、様々な腕を使った動作が可能になります。指に力を入れて瓶のふたをねじったり、器の中から小さな物をつまみだすなど、指先の巧緻性が高まるのもこのころです。

認知の発達

●言葉の理解が進み二語文が出る

1歳3か月～1歳6か月のころに、子どもの語彙は急激に増えていきます。単に「～だ」という指さしや言葉だけでなく、対象に対して「○○ではない△△だ」というような調整的吟味が行われるようになるため、それまで車はすべて「ブーブー」だったのが、「トラック」「バイク」など特定の物を特定の言葉と結び付けることができるようになります。1歳4か月を過ぎるころには、「目」「鼻」「口」「手」など、いくつかの体の部位を特定し、「中」「上」などの物や行為以外の言葉も理解できます。子どもが使える言葉は、1歳6か月前では30語前後、2歳ごろには300語ほどになるといわれています。

2歳ごろから「ブーブー、イッタ」「ワンワン、ネンネ」など、軸になる言葉に動詞などをともなった2語文が表れます。さらに問いと答え、質問、命令、そして過去形、未来形も表れるよ

かみつき

自我の拡大にともなう
トラブルの増加

自我の
ぶつかりあい

○○くんも
使いたいんだって

ダメ

子どもの心情を言葉にして代弁する

うになります。大人からの言葉もこのようにシンプルに伝えれば、言われたことがわかるようになり、言葉で伝えることで目的に応じた道具の使い方ができるようになります。

社会性の発達

●かみつきが出る時期

1歳3か月〜1歳6か月ごろには、意図をともなう反応や活動のなかでの感情表現がより豊かになります。満足を基盤に、おふざけも表れるようになります。驚き、おそれ、怒り、嫉妬、不安、不満、悲しみなども分化し、そこから立ち直ることも可能です。

1歳6か月を過ぎると、「○○ではない△△（じゃなきゃだめ）」という子どもなりの意思があるため、それに基づいた主張をします。子どもなりの明確な意図のある主張です。いわゆるこだわりの姿の現れです。その主張は、獲得し

た言葉を用いて行われるようになります。名前を呼ばれて自分を指さしたり、名前を聞いて、友達を指さすこともできるようになります。自分の持ち物と他者の持ち物の区別ができ、自分の物や場所に執着する姿を見せるようになるのもこのころです。

1歳後半は、「イヤ」「ダメ」など、自分の意思を明確に主張しはじめる時期でもあります。着脱などの身近な行為を「ジブンデ！」とやりたがるようにもなります。自分でやりたいという意欲はあっても、実際の行為をすべて自分で行うことは難しいため、自分のイメージ通りにできないことにフラストレーションを抱き、怒り出すこともあります。自我が芽生え、拡大していく時期といえます。他児へのかみつきが起きるのも、この時期と重複します。八木（2013）による調査では、1歳3か月〜1歳11か月にかみつきの顕著な多発期が発現することが報告されています。

保育内容

人的環境 やりたい時期

1歳を過ぎ2歳を迎えるまでの時期の子どもは、自我の芽生えとともに「ジブンデ」しようという意欲も表れ、食事や着脱などの自分の身の回りの事柄をやろうとする姿を見せるようになります。

● 生活習慣

この時期は、ある程度自分でやろうとする姿が現れます。できることは子ども自身が行うようにし、できないところを大人が手伝いますが、自我の芽生えにともなって、1歳6か月ごろには大人の手助けを「イヤ」「ダメ」と嫌がるようにもなります。子ども自身ができたところは十分に認め、できないところは「ここは難しいね」と子どもが納得できるように言葉をかけてから大人が手伝うなどの工夫が必要になります。

【食事】

食事では、1歳以前の手づかみから手つまみを経て、手と口を協調させて食べ物を取り込みます。一口量の調節の様子を見極めて、スプーンの使用を促す時期です。保育士は介助用のスプーンを用意しましょう。子どもが上握りでスプーンを使用するのを見守り、子ども自身では難しい箇所を適宜介助します。その際には、咀嚼の様子にも目を配ることが大切です。子どものスプーンですくいやすいよう、保育士が介助用スプーンを使い、子どもの目の前で一口サイズに切り分けることで、子どもが視覚的に一口量を知ることが可能になります。

また、食事をはじめる前のエプロンの装着や手拭き、「いただきます」の挨拶なども、子ども自身ができる行為は見守り、難しいところを手助けするようにし、行為を言葉で説明しながら行うことで子どもの理解を助けることにもなります。こうした援助は一人ひとりに対する丁寧な観察と援助の見極めが必要となるため、保育士とともにテーブルにつく子どもの人数は少人数からはじめます。子どもが行為を獲得し、自分でできることが増えていくにしたがって、テーブルにつく人数を増やしていくなどの工夫が大切です。

2章 乳児の発達と保育の基本

意欲の拡大

自分でやろうとする意欲を尊重し、できないところを手伝う

【着脱】

着脱は、身体の各部分を連動させる身体操作によって行われるものです。そのため、子どもの運動発達面の状態を把握し、子どもに任せられることと保育士の援助が必要になることとの見極めも大切です。基本的生活習慣の確立は、身体面、認識面の発達とも関係するため、保育士には、生活行為を行うために必要な運動面の発達を促す遊びを経験できるようにするなどの配慮が求められます。

物的環境　動作の流れを支える環境

この時期の子どもの生活環境では、生活行為に関して、どこで何をするかを子どもが見てわかるようにしておくことが大切です。

生活習慣は子どもの生活の流れのなかで行われるものであるため、一連の流れのなかで行為が行いやすいよう、物を配置することが大切です。たとえば、ティッシュペーパーとゴミ箱、そして鏡が近い位置にあることで、鼻をかんだあと、鏡で自分の顔を確認し、使用したティッシュペーパーを捨てる、という行動をスムーズな流れのなかで行うことが可能になります。

基本的生活習慣の確立は、保育士と子どもが一緒に行為を何度も繰り返すことによって、子ども自身が方法を理解し、身に付けていくものです。そういった一連の行動を、よりスムーズに行えるように物的環境を整えることも、保育士の大きな役割の一つといえます。

【食事】

食事の際に使うテーブルは、遊びにも使われる物です。その場合でも、食事の際にはテーブルクロスをかけたり、小さな花を置いたりして遊びに使う時とは異なることが見てわかるようにします。それによって、子どもが遊びと生活の場面の違いを理解することが可能になります。また、食事に用いる食器は平皿よりも、しっかりしたふちのある皿のほうが、子どもがスプーンで食べ物をすくいやすくなります。こういった配慮も、子どもが自分で行おうとする動作を援助する環境として有効に機能します。

【着脱】

着脱などは、いつも場所を決めて、子どもが

動作の流れを考慮する

子どもの動作を一連のものとして捉え、物を配置する

行動の目印を使う

子どもが見てわかるよう、目印となるものを使う

子どもの関心を捉える

子どもを観察し、その興味・関心や情緒の動きを把握する

子どもからの発信や働きかけには、子どものペースに合わせて応える

腰かける台を置いたり、ラグマットなどの目印になる物を配置したりしておくと、子どもが場所とその意味付けを視覚的に理解することが可能になります。それは、子どもが行為を行うことへの見通しをもつことにもつながるのです。

自我が芽生えはじめて、何でも「ジブンデ」やりたがる子どもの意欲を尊重する意味においても、子どもが着脱を行いやすいよう、腰かけ台などを配置することは大切です。

遊び

人的環境　子どもの関心

1歳3か月～2歳のころには、子どもが一人でじっくり遊ぶ姿が現れるようになります。これは、他者を拒絶しているわけではなく、目の前の物や遊ぶという自分の行為に興味・関心が向かっている状態です。子どもが一人で遊んでいるときは、無理に介入したりせず、一人でじっくり遊べるよう配慮し、見守ることが大切です。保育士は、遊び方の見本を見せたり、子どもの遊びが一区切りついたころに別の遊びを見せたりするなど、子どもの状態を見極めながら、遊びのきっかけを提供します。この時期の子どもの遊びは一人遊びが基本です。

子どもが保育士に対して、「バァ」と顔を出したり、追いかけてくることを期待して遊びを仕掛けてきたりすることも増えます。子どもからのサインは、しっかり受け止めて、大人とのやりとりを十分に楽しめるようにしましょう。

絵本を読んでもらうのも喜ぶ時期です。この時期では、絵本のストーリーを楽しむというよりも、知っている絵を指さして喜んだり、大好きな保育士と一緒に本を見ることや、ページをめくること、めくったページに別の絵が出てくることなどを楽しんでいます。

絵本を見るときは、保育士は子どもをひざの上に座らせ、じっくりとやりとりを楽しめるよ

うにします。複数の子どもと1冊の絵本を見る際も、子どもは保育士の隣に座らせ、丁寧にやりとりを行うことが大切です。そのため、複数で絵本を見るとしても、3〜4人程度が限界です。幼児のように保育士が子どもの集団の前で絵本を掲げ、読み聞かせを行うようなスタイルでは、この時期の子どもが絵本を楽しむことは難しいといえるでしょう。

● **自我が芽生える**

自我の芽生えとともに、子どもが主張し合うことにより、おもちゃや場所の取り合いが増えてきます。子どもの自己主張は、この時期の発達特性でもあるため、その主張を否定せずに対処することが大切です。また、自己主張をしない子どもや、主張する前にあきらめてしまうような姿がないか、日常的な観察も重要です。

そのような自己主張のぶつかり合いのトラブルから、かみつきが頻発するのもこの時期です。かみつく行為そのものは、子どもにとっては押す、たたく、というようなとっさの行動の一つではありますが、かみつかれる際の痛みや傷は小さいものではないため、保育士には十分な予防が求められます。

物的環境 **子どもが見てわかる**

1歳3か月〜2歳のころには、徐々に歩行が安定し行動範囲が広がります。子どもが自分で移動することが可能ですが、重心の移動がぎこちなく、バランスを崩してしまうことも多々あるため、家具の配置、角のカバーなど安全への配慮が必要です。そうした安全上の配慮を行った上で、この時期の子どもの豊かな動作と動きを促す道具となるものを室内に用意することが大切です。

くぐる、かがむ、立ち上がるなどの一連の姿勢の変換が必要になる物としてトンネルや、押し箱があります。押し箱は、中に入る際にも微妙な重心の移動が必要になり、手足を曲げて箱

絵本を喜ぶ
1対1で、子どもの反応を受け止める

トンネルをくぐる

一連の姿勢の変換、重心の移動を、遊びを楽しむなかで経験する

手指を使う

遊びのなかで操作を楽しみながら、指先の巧緻性を高める

体と物を使う遊び

シュシュを足に履く動作は、靴を履く動作に結び付く

の中に入ることで、子どもが空間を体感的に認識することにもつながります。

　少し背伸びしたら届く位置に物をぶら下げておくことも有効です。背伸びだけではなく、そこにある物を取ろうとする動作は、腕を上げ、手先を使いながら立位のバランスを保って動く、という複雑な身体操作を促します。

●手指の巧緻性を育む

　手先の巧緻性も高まり、より細かな指先操作も可能になります。指先を使って物を出し入れすることや、穴に物を入れることなどを楽しみます。穴の大きさ、出し入れする容器にバリエーションをもたせ、難易度の低めの物と高めの物を用意すると、子どもが自分で選んで遊ぶことができます。穴や入れる物は小さいほど難易度が高くなります。

　物を積むことも楽しくなります。この操作は定位活動でもあり、目と手の協応や手腕の微妙な調整が必要です。子どもが楽しんで取り組む遊びのなかで、この操作の経験を重ねるためにも、持ちやすく、安定性のある形状の物をたくさん用意しましょう。

　指の微細運動は指先の動きだけではなく、手首、腕、ひじ、肩の関節を微調整しながら動きをつくることが必要です。この時期には、リングやシュシュをペットボトルにかぶせてみたり、自分の手足に通してみたりすることも好みます。手足に物を通すことは同時に自分の体を理解していくことにもなります。また、シュシュなどを足に通すのは、靴下や靴を履く動作にも共通する動作です。遊びのなかで身体の操作性を高めることが、基本的生活習慣である着脱動作の習得を助けるものになります。こうした物を使った遊びを十分に経験するため、遊びに使うもの、おもちゃは十分に用意することが必要です。

2章　乳児の発達と保育の基本

5 2歳から3歳未満児の発達

歩く、走る、跳ぶなどの基本的な運動機能が発達。
身の回りのことも自分でしようとします。

運動面の発達 ①粗大運動

●様々な動きを楽しむ

　安定した姿勢や歩行を行う1歳の時期を経て、2歳では、力をともなう動きや、より複雑な動作の調整ができるようになりはじめます。たとえば、歩行の際に、障害物をまたいだり、くぐったり、物によじ登るなどの動作です。言葉による動作の調整も少しずつできるようになり、言葉に合わせて動いたり止まったりすることも可能になります。モデルがあると、簡単な動作をまねることも可能になります。それによって動きをともなうわらべうたなども楽しめます。

　2歳の後半では、さらに複雑な体の均衡調整が可能となり、不安定な姿勢を制御することも可能になります。たとえば、背伸びでつま先立ちをしたり、直立で片足を上げたりするなどの動作です。モデルを見て、片足を一区切りずつ上げ下げしたり曲げたりするなど、より複雑な動作が可能になります。体を使った遊び方が、1歳のころよりも複雑になると同時に、より複雑な身体操作の獲得によって衣服や靴の着脱などの基本的な生活動作を、子ども自身がよりスムーズに行えるようになります。

運動面の発達 ②微細運動

●指先に力を入れて操作できる

　2歳のころには、親指や人差し指の先に力を入れて物を押したり、ねじったり、つまんだりするなど、指先の力を調整して行う操作が可能になります。絵本のページを1ページずつめく

複雑なバランス調整
不安定な姿勢を制御することが可能になる

本をめくる
ページをつまみ、力を調整しながらめくる

ねじる
左右の手を協調させ、それぞれの手に入れた力を保ってねじる

粘土を伸ばす
両手の力を調整し、同じくらいの力で物を扱う

ハサミの1回切り
別の動きをする左右の手を協調させ、「切る」動作が完成する

2章 乳児の発達と保育の基本

るなどもその一つです。また、小指側の指にも力を入れて操作を行うようになります。両手首から先を回転、交錯することが可能になることで、ドアノブやつまみを回したり、土で団子を作ることもできるようになります。

2歳後半になると、腕からひじ、手首、そして指先全体に力を込めて物を扱うことも可能になります。力の入れ方を調整して粘土などの素材を変形させることも可能です。粘土を両手で持って、左右に引き伸ばしたり、両手をそえて転がして伸ばしたりするなど、親指や人差し指を中心として両手の協応による操作を行います。また、音などに対応させて両手を同時に開閉する、大人が指でつくる形を見てまねようとするなど、手指操作の巧緻性がどんどん高まる時期です。この時期には、片手でハサミを持ち、もう一方の手をそえて注意深く切るなど、道具を扱う操作や行動も上手になります。

認知の発達

●二次元の認識

1歳半ばで二つの器に物を一つずつ交互に入れ分けていた姿から、2歳前半では、二つの器の一方にたくさんの物を入れるような区別性の強い配分を行うようになります。また、二つあるうちの一つの器にすべてを入れて、それらをまた別の皿に移し替えるなど、単なる出し入れではなく思考をともなう交互対称性のある操作を行います。円、正方形、三角形などの簡単な形や色を合わせるなどの「同じ」物同士を対応させることも可能になります。このころには、「大きい」に対して「小さい」、「たくさん」と「少し」、「上」と「下」など反対概念が成立します。

2歳半ばになると、物を調整しながら並べたり、積んだりするのを楽しむようになります。自分の好きな物をサッシのレールに沿って並べ

45

て喜ぶのもこのころです。

2歳後半には、自分の指を使って一つ二つを示し、物と自分の指で1対1の対応が可能になります。二つまでなら、言葉を使ってわかるようになります。複数の色のなかから自分の好きな色を集める（弁別）、並べるなど、実物を操作して遊ぶなかに、数量の認識の基礎が培われます。

●語彙が著しく増加

自分から使える話し言葉は、2歳ごろで300語程度といわれます。2歳半ばでは500語前後、3歳ごろで1000語近くになるこの時期は、言葉の爆発期とも呼ばれます。2歳では、語彙量が増大するとともに、2語文が現れはじめます。2歳前半では、「熱い」「きれい」「おいしい」など、単純な物の性質の理解とともにそれを言い表す言葉も使いはじめます。理解した語を表現できることもこの時期の特徴です。

2歳後半になると「これ何」「なんで」という形で大人に問うことが多くなります。この問いには、好奇心から尋ねる問いと、自分に答えが返ってくることを期待する問いがあるようです。大人が丁寧に答えることが大切です。

社会性の発達

●自己主張

2歳前に芽生えだした自我は、2歳を過ぎてどんどん拡大します。「イヤ」「ダメ」「イラナイ」など、大人に対して自分の思いや要求を強く出してくる時期です。単に他者からの働きかけを拒否しているのではなく、子どもはこうしたやりとりのなかで自己の内面性を豊かにしていきます。さらに、2歳後半では大人の手助けを拒否してわざわざ自分でやり直すなど、大人に反抗するようにみえる行動もとるようになります。「自分でやりたい」という子どもの意図を十分に汲み取って見守ることが大切です。その反面、物を分配するときには、自分の取り分が減って

豊かな会話

子どもの気持ちの動きを把握し、子どもが発する言葉に応え、会話を続ける

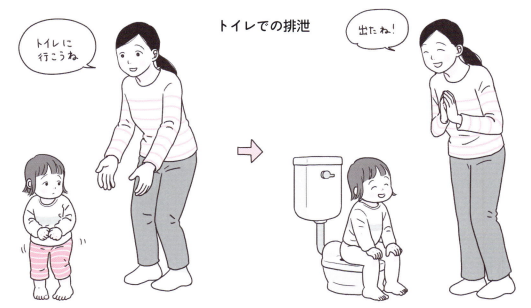

トイレでの排泄

子どもの体のリズムと個別のサインを把握する　　子どもの体感を言葉にして伝える

も他者に分け与える姿を見せるようになり、それまでに拡大してきた自我は充実期を迎えます。

保育内容

 人的環境

生活習慣

生活に関する援助は、一人ひとりの子どもに対して丁寧に行うことが基本です。丁寧な援助とは、何から何まで保育士が手を出すことではなく、個々の子どもを見守り、必要に応じて適切な判断のもとに保育士が行う援助をさします。

【食事】

テーブルについて食べるまでを、子どもがほとんど自分でできるようになります。できることは、子ども自身で行うことは当然ですが、そこには大人の見守りが不可欠です。子どもが自分でできたことを認め、援助が必要な場面では、大人が手伝うことが大切です。

食事の途中で飽きはじめたり、好き嫌いから特定の野菜などに手をつけようとしないこともあるため、保育士がスプーンで口に運ぶのを介助して子どもの気分を持ち直したり、嫌いなものは子どもの目の前で小さく切って、少しだけ口にしてみるよう提案します。スプーンを口に運ぶ、食器を上手に扱うことだけが食事ではありません。この時期の子どもの状態に応じた援助を場面に応じて適切に判断することが求められます。

【排泄】

基本的生活習慣を身に付けていく時期であるため、排泄については個々の子どもの体のリズムを把握し、それぞれの子どもに応じた時間に言葉をかけ、トイレに誘うようにします。トイレでの排泄は、子どもの「出た」という体感を大人が「出たね」と言葉にして理解を促すことが大切です。

着脱からはじまり、手洗いの終了までの手順は毎回同じように行い、子どもが排泄前後に何をどのように行うか、次に何をするか見通しをもって行動できるようにしましょう。

【着脱】

2歳を過ぎると、粗大運動や微細運動の発達と相まって、身体部位の微妙な調整が必要な着脱動作においても、子どもが自分でできることが増えます。パンツや半ズボンの着脱などは、子どもでも比較的スムーズに行うことができま

着脱

すべてを任せず、子どもができないところを手伝う

食事

いつもの場所で、いつものメンバーで落ち着いて食べる

すが、着脱一般を完全にできるわけではないため、適宜大人の手伝いも必要です。

　子ども自身でできることが増えるため、手伝いが必要な箇所を見極めることが重要です。何でも自分でやりたがる子どもの意欲を認めつつ、「ここはお手伝いしてもいいかな」など、子どもに確認してから手伝うようにしましょう。その際には、「両手はズボンの両端を持って上にあげて」というように、動作を言葉で説明しながら行うことが大切です。

物的環境　生活の流れを考える

　何でも自分でやりたくなり、基本的な生活行動をある程度できるようになる2歳以降は、子どもが一連の流れのもとに行為をとりやすいよう、またその行為に見通しをもてるように物的環境を構成していくことが大切です。室内における日常的な子どもの動線を考慮して、室内の物的環境を構成しましょう。

　家具は、手洗いなどの日常的な生活行為から遊びへ、遊びから食事へといった子どもにとっての時間の流れを考慮して配置することが大切です。遊ぶ場所、食事をする場所など、子どもが空間の意味付けを理解し、室内のどこで何をするかを理解していることで、自分から行動をとりやすくなります。

　遊びを一部片づけて、食事のためのテーブルを出すという場合でも、テーブルの置き場所や子どもが座る位置は、いつも一定の場所を守ることはいうまでもありません。一般的な長方形のテーブルは、6人程度の子どもが使用するように想定されています。2歳児が保育士の援助を適宜受けながら、落ち着いて食事をすることと、子どもが他児の様子に気が付き、関わりがもちやすいことを考慮すると、6人ではこれらの条件が満たされないため、多くても4人程度でテーブルを囲みたいものです。

　保育室は子どもの生活の場です。保育は長時間にわたるものであるため、室内は家庭的な雰囲気づくりを心がけます。子どもが好きなときにくつろげるように柔らかい物を配置することも大切ですし、装飾にも気を配ります。家庭的な装飾、カーテンや布、雑貨を使うなど、家庭のインテリアを参考にすることを念頭におきましょう。

遊び

人的環境　少しずつ他児との関わりを

　この時期に子どもの遊びは、一人遊びから平

行遊びへと移行します。さらに、同じことをして遊んでいる他児の存在を意識するようにもなります。保育士は、まず一人遊びが十分にできるよう、環境を整えつつ、複数の子どもが互いに近い場所で一人遊びができるような配慮を行います。平行遊びがはじまっても、無理に子ども同士を関与させるのではなく、子どもの興味が遊びから他児に向く場面を読み取って、その興味を言語化して本人に伝えたり、興味を向けていることを他児に代弁したりすることが大切です。

平行遊びの時期は、子どもの興味・関心や遊びの状態をよく観察し、少しずつ他児とのやりとりを援助することが大切です。子ども同士の簡単なやりとりが成立する時期ですが、子どもだけで長い時間継続的に遊べるわけではありません。保育士が子どもと子どもの間を仲立ちし、必要に応じて言葉をそえたり、アイデアを提供したりすることも大切です。その一方で、大人が遊びをリードし、子どもが「遊んでもらう」状態にならないよう、保育士が一緒に遊ぶ場合は、遊びの主導権は子どもにあることに十分留意する必要があります。

● 要求を言葉にしてみる

自我の拡大期に入り、自己主張や要求をより強く出すころには、物や場所の取り合いをはじめとしたぶつかり合いも頻発します。まずは、子どもの心情を受け止め、「〜だったんだね」と、要求を言語化して子どもに返し、相手にそれを代弁したり、相手の心情を子どもに代弁し、仲立ちを行います。

はじめに子どもの心情を受け止めることで、子どもは安心し、「受け止められた」ことに納得します。そして、子どもの要求を通せない場合には、なぜ無理なのかをわかりやすく言葉で伝え、「だから、〜してみる？」と、二つ程度の代替案を出すなどしましょう。選択可能にすることで子どもが納得できるプロセスを設けることも大切です。そうした場面で無理なこと、要求が通らないことは、この時期の子どもには納得できなくても理解することは可能です。根気よく対応し、子どもが気持ちを立て直せるようにすることが大切です。その際、ぶつかり合いを子どもの納得と理解のともなわない言葉だけの「ごめんね」「いいよ」というやりとりで終結してしまうと、「ごめんね」という言葉そのものが

保育士の仲立ち

子どもが言語化できない心情を言葉にして、両者に伝える

2歳ごろの遊び

並べる、見立てる、などこの時期に応じた遊びを楽しめるよう道具をそろえる

形骸化してしまうことにつながるので十分に気を付けましょう。

この時期の子どもは、一つの遊びでじっくり遊ぶこともあれば、遊んでいるうちに別のものに興味を移し、そのまま別の遊びに移行することも少なくありません。自分で使ったおもちゃは自分で片づけることが基本ですが、子どもの遊びの状態を見ながら、保育士が使わなくなった物を片づけ、最後に使った物を子どもが片づけるようにします。そして、徐々に片づけを子どもに任せていくようにしましょう。

物的環境　積んだり並べたり

室内では、子どもが自分で選んだ遊びを落ち着いて集中できるよう環境を構成します。手や指先を使う遊びの道具を並べた棚の近くには机（テーブル）を用意します。また、2歳～3歳未満のころには、並べることや、分類や大きさの比較ができるようになるため、子どもがそういった活動を楽しめるような道具を十分に用意しましょう。おもちゃとは、子どもが物を扱うことで直接的な体験を得るための貴重な道具、つまり教材と捉えることができます。指先の巧緻性の高まりとともに、扱い方もつまんで操作することやボタンはめなど、子どもが楽しんで、より細かい操作を行うことができる物を用意することが大切です。

床の上で行う遊びには、ある程度の広さを確保します。この年齢では、積み木を並べたり、車を走らせる長い道を作ったり、トンネルを使うなど、平面を使って遊びを楽しみます。動きのある遊びからの干渉を防ぐため、仕切りを使うなどの工夫も求められます。

●見立て遊びのはじまり

自分が生活で経験したことを再現したり、母親など身近な大人になったつもりで、ごっこ遊びを楽しみます。自分が年長者になったつもりで人形のお世話を楽しむのもこのころです。おもちゃの台所道具や食器、母親や保育士のまねをして装うためのエプロン、スカートや人形用の布団、着替えなどを十分に用意しましょう。また、自分なりのイメージをもって物を扱う見立て遊びを楽しむのもこのころです。見立て遊びが十分に楽しめるよう、何にでも見立てることが可能なチェーンやフェルトボールなど、シンプルな具材とそれを入れる器を用意することも大切です。見立て遊びは物があることによって成立します。だからこそ、見立てるための物、つまりおもちゃが必要なのです。

この年齢では、一人遊びから平行遊び、そして他児のまねや簡単なやりとりが成立しはじめます。そのため、おもちゃは同じものを複数用意することが鉄則です。

引用文献

八木義雄監、北九州市保育士会編『自我の芽生えとかみつき－かみつきからふりかえる保育』蒼丘書林, 2013.

第**3**章

乳児クラスの
保育実践と環境づくり

育児担当制を進めるにあたっては、
子どもの生活と遊びのための充実した環境が不可欠です。
ここでは、そうした保育環境について解説します。

1 乳児を受け入れる基本の環境づくり

保育所保育の特性は、環境を通して保育を行うことにあります。明確な目的をもって環境づくりに取り組むことが大切です。

保育所保育指針に示された環境

2017年改定版保育所保育指針には、「第1章 総則」「1 保育所保育に関する基本原則」の「(3) 保育の方法」の一つとして「オ 子どもが自発的・意欲的に関われるような環境を構成し、子どもの主体的な活動や子ども相互の関わりを大切にすること。(後略)」と、明記されています。さらに基本原則の(4)として、「保育の環境」が示されています。

(4) 保育の環境

保育の環境には、保育士等や子どもなどの人的環境、施設や遊具などの物的環境、更には自然や社会の事象などがある。保育所は、こうした人、物、場などの環境が相互に関連し合い、子どもの生活が豊かなものとなるよう、次の事項に留意しつつ、計画的に環境を構成し、工夫して保育しなければならない。

ア 子ども自らが環境に関わり、自発的に活動し、様々な経験を積んでいくことができるよう配慮すること。

イ 子どもの活動が豊かに展開されるよう、保育所の設備や環境を整え、保育所の保健的環境や安全の確保などに努めること。

ウ 保育室は、温かな親しみとくつろぎの場となるとともに、生き生きと活動できる場となるように配慮すること。

エ 子どもが人と関わる力を育てていくため、子ども自らが周囲の子どもや大人と関わっていくことができる環境を整えること。

●子どもの主体的関与を促す応答的環境

環境構成は、保育の基本原則の一つであり、それは、「子ども自らが関わり、自発的に活動し、様々な経験を積んでいく」ものと示されています。子どもの自発的な活動による経験は、子どもの身体、認知、社会性などの発達に不可欠なものであり、子どもにとっては学習そのものといえるくらい重要なものです。そうした自発的活動は、子どもが環境に働きかけることによって成立するものであり、環境は子どもからの働きかけに対して必ず何らかの応答を示します。そうした子どもと環境の相互作用による経験が、子どもの発達に直結します。保育の環境は、子どもが働きかける対象であるため、「豊かで応答性のある環境」が求められます。保育所保育指針解説には「豊かで応答性のある環境とは、子どもからの働きかけに応じて変化したり、周

子どもの働きかける対象であるおもちゃが豊富に用意された保育室

おもちゃの彩り、装飾、簡易ベッドや布の色調を統一し、温かなくつろぎの雰囲気をつくる

囲の状況によって様々に変わり、子どもに多様な刺激を与えたりするような環境」と示されています。

保育の環境が、衛生的で安全であることは当然です。衛生と安全は、子どもの健康と生命の保持に直結するものです。

●温かな親しみとくつろぎの場

保育室は、子どもが一日のなかで長い時間を過ごす場であるため、「生き生きと活動できる場」であると同時に、「温かな親しみとくつろぎの場」である必要があります。保育室内の構成を考える際には、この二つの要素が共存するものとなります。

「温かな親しみとくつろぎ」は、家庭的環境という言葉でも語られてきました。単に室内の一部に畳を敷くというだけではなく、室内の全体的な雰囲気を家庭のリビングのような「居室」を想定して設えます。温かな雰囲気を醸し出すためには、装飾も有効です。この装飾は、家庭的環境を目指すものなので、子どもが暮らす家庭のリビングがモデルとなります。家具や小物の色調をそろえたり、季節を感じられるような雑貨を並べたりするなど、子どもの安全に配慮したうえで、室内をセンス良く飾りましょう。家庭では、壁一面を色画用紙でできた大きなイラスト調の動物などで「壁画」をつくるようなことはありません。布製のカバーや観葉植物や人形など、家庭で使われる物を使って、室内の温かな雰囲気をつくりましょう。

次に「くつろぎ」について考えます。長時間を保育所で過ごす子どもには、ゆっくりと気持ちを落ち着かせたり、のんびりとくつろいだりする時間も必要です。子どもが落ち着いたり、くつろいだりする際の物理的条件として挙げられるものに「柔らかい物」があります。柔らかい物は、触れることによって、体温が移行し、「温かい物」にもなります。柔らかくて温かい物との接触は、ストレスを軽減し、安心感をもたらします。そうしたことから、クッションや人形など、柔らかい物を用意し、くつろぎのためのスペースに常設しておくことも大切です。

3章 乳児クラスの保育実践と環境づくり

●子どもが周囲の人と関わる環境

人との関わりは、物との関わりと同等に子どもの発達にとって大切な行動です。人と関わる力を育てることは保育のねらいの一つでもあります。0歳児であっても、複数の子どもが同じ空間で生活をするため、どんな形態であっても他児との関与は生じるものですが、それをやみくもに「人と関わる力」に結び付けることには注意が必要です。他者との関わり、すなわち社会性の育ちにもプロセスがあるからです。

乳児期の人との関わりは、特定の養育者との愛着関係からはじまります。保育所においては、特定の保育士との関係がこれを代替するものとして機能します。子どもは愛着関係を結んだ大人を安全基地とし、周囲へ興味・関心を向け、探索行動を活発に行うようになります。これが一人遊びです。安全基地である大人と離れて遊べるようになるのは、おおむね2歳ごろといわれています。遊びは子どもの発達にともなって、一人遊びから平行遊び、そして連合遊びへと様態が変容していきます。平行遊びの時期には、同じおもちゃを複数用意するなどの配慮が必要です。他児の持っている物への興味・関心から他児との関わりも生じてきますが、1歳～2歳では、子どもだけでやりとりを成立・継続させることは困難で、大人の仲立ちが必要です。

3歳未満児では、目に見える現象として「子ども同士の関わり」を求めるよりも、子どもの発達のプロセスを踏まえ、直接的な子ども同士の関わりが生まれる前段階として、子どもの発達に応じた一人遊びや平行遊びなどの遊び方を十分に保障することが求められます。

基本的なクラスの環境

保育所における保育室の面積などの施設やその設備については、児童福祉法第45条の規定に基づき、児童福祉施設の設備及び運営に関する基準第32条にその基準が示されています。

ここでは、3歳未満児を受け入れるための最低条件ではなく、保育所保育指針を踏まえ、よりよい環境をつくるための基本的条件を考えます。

●広さ

3歳未満児が長時間を過ごす保育室は、子どもの生活や遊びに必要な家具や道具が不可欠です。それらを置いても、子どもと大人が自由に動き回ることができるだけの広さは必要です。ここでいう「広さ」とは、「何も置いていない大きな空間」のことではありません。保育室の壁に沿って家具を設置し、中央に何も置かない大きな空間をつくることではなく、室内に棚や遊具が点在していても、一人ひとりの子どもが十分に遊び、大人が援助のための動作をとることができる空間が常にあることが大切です。

一人ひとりの子どもが自分で選んだ遊びを楽しめるように設置する遊びの種類ごとのコーナーは、2～3人程度の子どもが同じ場所で、それぞれ一人遊びを楽しめるくらいの広さが必要です。

また、食事は一人ひとりの子どもの生活リズムに沿って、特定の保育士と子ども一人から数名ずつがテーブルを囲みます。クラスの子ども全員が一斉に食事をはじめるわけではないので、子ども全員分のいすやテーブルを配置できるだけの広いスペースを確保する必要はありません。食事スペースは、食事時間が重なる子どもの人数分のテーブルやいすが置ける広さで十

子どもが十分に遊び、大人の援助をとることができる空間のある保育室

分です。子どもの食事を介助する大人に無駄な動きが必要にならないよう、あらかじめ大人の行動の動線も考慮に入れて配置を考えます。

● 空間の構成

　保育室は、遊びと生活の空間です。一人ひとりの子どもの毎日の生活がいつも同じように流れ、安全で安心して過ごせるように構成します。子どもの生活の流れを考慮して動線を組みます。この時には、保護者を含めた大人の動線にも配慮することが大切です。保育室内で、保護者が送迎の支度を整えるエリアと子どもの遊びのエリアをロッカーなどで区切ると、わずかな時間でも子どもと保護者のプライベートなひとときを支えることが可能になります。また、保護者が他の子どもたちの遊びを妨げたり、他児の保護者を見た子どもが不安定になったりすることを防ぐことができます。

【子どもの生活と空間構成】

　食事、着脱、睡眠など子どもの生活行動は、それぞれいつも同じ場所で行います。家庭での生活では、寝る場所やテーブルに自分の定位置があります。保育所でも同じように子ども一人ひとりの食事や午睡の「定位置」があることで、子どもはより安心して生活を送ることが可能になります。

　3歳未満児の食事や着脱などの生活行為は、大人の援助が必要となることが多いのも事実ですが、この援助は、大人の一方的な行為ではありません。自分でできることは子ども自身が行い、大人は子どもができないところを援助します。そうして徐々に子どもが生活に必要な行為を獲得し、やがてはほぼすべてを自分で行うようになります。3歳未満児の生活援助では、こうしたプロセスを支えるための環境を構成することが大切です。着脱を行うスペースに、子ども用の腰掛けを配置したり、帽子をかぶって屋外に出るために、帽子置きと靴箱を近くに配置したりするなど、子どもの行為の流れと動線を考慮し、空間を構成しましょう。

【子どもの遊びと空間構成】

　遊びのための空間には、子どもの発達に応じた遊びのための道具であるおもちゃを十分に用意し、「何をして遊ぶ場所なのか」を明確にし、空間の意味付けをした遊びコーナーを配置します。

　子どもにとっての遊びは、自発的・主体的な行為であり発達に不可欠な直接的経験を得るもので、3歳未満児の教育的活動といえるものです。発達の3本柱である、身体面、認知面、社会性を育てることを想定して、子どもが自発的に遊ぶための道具を配置します。

　遊びのコーナーを配置する時には、それぞれのコーナーでの子どもの動きや遊びの動線を考慮します。動きの有無や音など、遊びの特性を踏まえ、互いの遊びが干渉しあうことのないように、配置することが大切です。

　たとえば、2歳児でのままごとのような生活再現遊びには、様々な動きが伴います。積み木などの構成遊びは大きな動きは伴わず、むしろじっくり取り組む遊びとな

3章　乳児クラスの保育実践と環境づくり

自発的に遊ぶ子ども一人ひとりが
ゆったりと活動できる室内

ります。これらの遊びが隣接してしまうと、片方の遊び（ままごと）がもう一方の遊び（積み木）を邪魔することになりかねません。一人ひとりの子どもが、自分の好きな遊びを十分に楽しめるよう、それぞれの遊びの動きを考慮し、コーナーを配置しましょう。

● 色づかい

保育室には、色が溢れています。多くの色が混在すると、落ち着かない雰囲気になってしまいがちです。テーマの色を決め、カバーや装飾などの色を統一すると、落ち着いた雰囲気をつくることができます。明るく淡い色や同系色の物を選びましょう。カラフルなおもちゃは、子どもにとっても魅力的に映り、室内のアクセントにもなります。

基本的な戸外の環境

子どもの生活や遊びは、室内だけで完結するものではありません。戸外には新鮮な外気や太陽の光、風、そして植物や小動物などの自然、屋外ならではの遊具など、室内にはないものが豊かに存在します。室内での活動と同様に、戸外でも子どもが豊かな経験を得ることができるよう、安全面はもちろんのこと、できる限りの配慮が求められます。

● 園庭

園庭での子どもの活動は、走ったり跳んだりなど、単にダイナミックに体を動かすことだけではありません。園庭に求められる条件は、走り回るための広いスペースを確保することだけではなく、子どもが興味・関心をもって、自発的に働きかける環境として整える必要があります。子どもからの働きかけと環境からの応答によって獲得する経験を、園庭で子どもがどのように獲得していくか、子どもの発達を踏まえて想定しましょう。

運動面の発達から子どもの経験を想定するなら、3歳未満児が走り回れる程度の広さのスペースは当然必要です。かがむ、くぐる、しゃがむ、立つなどの姿勢変換や四肢に力を入れる動作、四肢の協調を伴う動きを促す遊具も同じように必要です。また、登る、下る、など通常の歩行とは少しバランスのとり方が異なる動きが必要となる傾斜は、子どもの動作と遊びを豊かなものにします。

認知の発達から子どもの経験を想定する際、実は先の運動面の育ちで示した様々な動作も、認知の育ちと関連していることを念頭に置いておきましょう。子どもがかがむ、くぐるといった動作をとるには、対象物と自分との距離や位置関係を測る必要があります。それは体験的な空間認知です。また、戸外に溢れる様々な刺激を子どもは感覚的に体感します。外気、光や風の強弱、地面の固さ、たとえば土やコンクリー

3歳未満児が走り回れる空間と、均衡を保った移動が必要な山土のなだらかな斜面

固い土の地面、コンクリート、柔らかめの山土を使った地面など、複数の感覚刺激

登る、くぐる、などの姿勢変換や均衡を保つ動作、四肢の協調など様々な動きをとる遊びを促す屋外環境

ト、木材ではそれぞれ足の裏で受ける感覚は異なります。戸外には手で触れることで得る触覚的刺激も豊富にあります。土、動植物、設置物、遊具、おもちゃ、水など戸外に存在するものは、危険物を除いたすべてが子どもにとって直接働きかける対象物となります。

子どもが興味・関心をもったものに向かっていき、探索を十分に楽しめるよう、戸外の環境を構成しましょう。冬にも緑の葉を茂らせる常緑樹、四季折々に姿を変える植物、特に花を咲かせた後に実のなる植物は、子どもの視界に入る高さの物が望ましいです。様々な草花とその根元に生息する小さな生き物、雑草や小さな石一つにも、子どもは興味・関心を向け、自分から働きかけていきます。水、砂、土など可塑性の高い物は、子どもからの働きかけに対して様々な応答を返します。戸外で得る経験は、室内の遊びで得る経験とは異なるものであり、戸外での活動は、子どもの経験をより豊かなものにします。豊かな経験は、豊かな学びにつながります。

● 屋上園庭

近年では、敷地面積などの制約を受け、地上ではなく屋上に園庭を設置する園が増えつつあります。子どもが日常的に地面の上で遊ぶ機会が得難いことで、子どもの経験にも制約が生じてしまうことは非常に残念です。屋上に園庭を配置する場合は、先に述べたような「戸外に存在する、子どもが直接働きかける対象物」を可能な限り設置する必要があります。土、動植物、水など、屋上に設置することがどうしても困難な物は、屋上以外のどこかで必ず経験できるよう、保育の計画に組み込むことが求められます。設置物、遊具、おもちゃなどは、屋上スペースの安全性を勘案しながら、子どもの発達に適した物を配置します。床や壁がコンクリートになってしまう分、子どもが受ける刺激が淡泊になってしまうので、それらを補い、子どもの豊かな経験を培うことができるよう遊具やおもちゃの配置が必要です。屋上園庭が「園庭」としての機能を発揮できるようその環境を構成することが求められます。

2　0歳児の保育環境づくり

寝返りや指さしも子ども自身が主体となる行動です。特定の保育士との絆を基に子どもの育ちを支える環境をつくります。

家具と配置

　0歳児の保育室には、調乳室が必置となっています。室内にはベビーベッドが複数常設されていたり、水場には沐浴槽が設置されていたりするなど、1〜2歳児の保育室とは条件が異なるため、0歳児の保育室には0歳児特有の配慮や工夫が必要になることはいうまでもありません。室内のレイアウトを考えるにあたっては、子どもの生活の流れと、それを援助する保育士の動線を考慮することが求められます。

●睡眠のための家具と配置

　睡眠の場所となるベビーベッドは、遊びの空間からはできるだけ離します。0歳児クラスでは、月齢差も大きく、子どもの生活リズムも異なるため、同じ時間に眠っている子ども、遊んでいる子どもがいます。それぞれの子どもの活動を保障できるように位置取りを定めます。また、睡眠のための空間は、カーテンなどで明るさを調整しますが、眠っている子どもの様子が確認できる程度の明るさが必要です。

●食事のための家具と配置

　食事の場所は、子どもが落ち着いて食事に臨めるよう、遊びの様子が子どもの視野に入りすぎないことを考慮します。また、給食搬入の動線は、子どもの食事のしやすさと保育士の援助の動線を考慮すると同時に、子どもの遊びの空

眠るための空間は遊びの空間とできるだけ離して配置する

間を横切るなどして遊びを阻害しないよう配慮が必要です。

子どもが安定して座れない時期の離乳食は、保育士が膝に抱いた状態で介助します。テーブルは、抱かれた子どもの両手が無理なくテーブルに届くくらいの高さの物で、可能であれば一人用の物を用意します。いすは介助を行う保育士が座りやすく、食後子どもにミルクを飲ませるときにも無理な負担がかからない姿勢で行えるものを選びましょう。

子どもが自分でいすに座れるようになったら、子ども用のいすを用意します。足の裏は様々な刺激を受容する感覚器官の一つです。いすに座った状態で足の裏が床に接触していることによって、両足やその足の裏、膝の曲がり具合から腰や背筋まで体全体で子どもは安定感を感じ取ります。足の裏が床についていない状態では、体感的に「落ち着く」ことが困難になるので、子どもの足が床につくような高さのいすを選びます。いすの座面が最適の高さでない場合は、子どもの足元に足置き台やマットを用意します。

いすの背面に体重をかけてもたれかかるような姿勢は、食事に適したものとはいえませんが、低年齢児が背筋を伸ばした状態で、ずっと座っていることも適切ではありません。いすの背面が子どもの背中に軽く触れる程度に姿勢を支えることが望ましいです。いすの背面が最適でない場合は、子どもの背中と背面の間に牛乳パックなど少し固めの支えを置くことも可能です。

子どもの体に合わせて床面、背面を調整する

テーブルはいすの高さと適合する物で、子どもが両手で食べ物や食器を扱いやすい高さの物を用意します。大きさは、子どもが一人ないし二人と一人の保育士が使うのにちょうどよい程度の物を選びましょう。

● **遊びのための家具と配置**

遊びのための空間には、粗大運動を促すための遊具やおもちゃを置くための棚が必要です。0歳児クラスで月齢差が大きく、ハイハイする子どもと歩行が可能な子どもが互いの遊びを阻害しないように、サークルを用意することもあります。こうした遊びのための家具を配置する時には、子どもが落ち着いて十分に遊びを楽しめるよう、動線に配慮しながら配置を行います。遊具についての詳しい内容は後述しますが、動きを楽しむ空間と、座位でゆっくり物の出し入れなどを楽しむ遊びの空間は、離して配置します。それぞれの遊びを楽しむ子どもが、他の遊びに干渉しないようにするためです。おもちゃを置く棚は、可動式の物であれば子どもが遊ぶ際に向く方向も想定して、位置取りを定めましょう。

粗大運動を楽しむ空間と落ち着いて遊ぶ空間は、できるだけ離して配置する

生活のための環境

● **睡眠**

0歳児の場合、保育室内に複数のベビーベッドを置くことがしばしばあります。ベビーベッ

3章 乳児クラスの保育実践と環境づくり

ドや簡易ベッドなど、一人の子どもが眠る場所は、いつも同じところに決めておきます。家庭では、家族一人ずつ眠る場所が決まっているように、保育所でも子どもが「いつも眠る場所」を決めることは、子どもの安心につながります。

眠る場所（ベッド）はいつも同じ物を使う

　ベビーベッドの柵にぶら下げ式のおもちゃやモビールを設置し、目覚めた子どもが自分から動いて遊べるようにしておくこともあります。その場合、ベッド1台におもちゃは一つ程度にとどめましょう。ベッド付近のおもちゃは安全であることが何より大切です。おもちゃの大きさは、子どもの手で握れる程度で口の中に入らないものを選びます。ストラップなどが劣化して切れることがないよう、定期的な点検が必要です。また、SIDS対策のため、ベビーベッドに呼吸モニターを設置している場合はケーブルや細かな部品が緩んだり落ちたりしないよう、細心の注意を払いましょう。

● **食事**

　授乳や食事などの生活行為は、睡眠同様いつも同じ場所で行うため、子どもごとに座席の位置は決めておきます。他の子どもたちの遊びを妨げることのないよう、食事の場所は遊びの空間とは離して配置します。

　離乳食や授乳は、1対1で行うことが基本です。離乳食は保育士の膝に抱かれた子どもが机の正面に向くよう、保育士の姿勢を考慮します。食事前にお手拭きやエプロンを用意する際には、子どもの視界に入るところに置き、次にとる行動を予測しやすくします。子どもの正面に置く食器は、子どもが指さしをしやすい位置に配置します。

　子どもが自分でいすに座れるようになったら、子ども用のいすを使います。保育士は子どもと対面する位置に座り、正面から子どもの食事を援助します。月齢によって、手づかみで食べられるものを子どもの手の届く位置に置き、スプーンを持ちたがる高月齢児にはスプーンを用意します。ただし、「意欲を大切にする」と称して、何でもやりたがることを0歳児に任せるのは時期尚早です。手づかみで食べる物も、はじめは一口で食べられる物、次は子どもが一口量を自分で把握できるように「噛みちぎる」大きさの物を用意し、子どもにできることを任せていきます。0歳児では必ず保育士が食事介助を行うためのスプーンを用意し、子どもが持つスプーンと大人が使うスプーン、この二つのスプーンを使って食事を進めます。

保育士は子どもと対面する位置で援助を行う

　食器は見た目のかわいらしさではなく、子どもの食事を助ける物を選びましょう。コップは五指に力が入れられるようになった時に両手の指を使って握ることのできるもの、お皿は中の物をすくうことが容易になるよう縁が垂直に

なっている物を選ぶと、食器が子ども自身で行う行為を助けてくれます。

食器は子どもが使いやすく、動作を助けてくれる物を選ぶ

●排泄

０歳児のおむつ交換は、たいていの場合おむつ交換台を使います。特定の家具がない場合でも、おむつ交換の場所を決めておきます。おむつ交換台近辺には、おむつ交換の時に使うおしりふきタオルや使用済みおむつを一時的に置く小さなバケツ、消毒用スプレーなどを保育士の手元で、子どもの手が届かない位置に置きます。おむつ交換台を使う場合には、子どもから目を離すことができないので、おむつ交換以外の動作を合理的に行うことができるような物の配置を組むことが必要です。

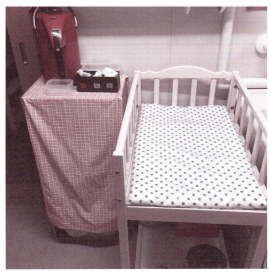
子どもの安全と、大人の合理的な動作を叶えるおむつ交換の環境

遊びのための環境

●粗大運動を促す遊びのための環境

　粗大運動を促す遊びではクラスの子どもの月齢差に応じて、歩行が可能な子どもとそれ以外の子どもの活動スペースを分けることも必要です。遊びの空間では、粗大運動のできる空間と、腕や手指を使って遊ぶ道具のある空間です。粗大運動のできる空間とは、単に何も物を置いていない空間ではなく、そこで子どもが興味をもって自分から意欲的に動作をとり、自発的な動きと遊びを促す空間です。粗大運動とは、単に走り回ることをさすものではありません。ここでいう粗大運動とは、移動はもちろん体幹を軸に四肢を動かすことや、重心移動を伴う姿勢の変換など、子どもが獲得した機能を使い、発達課題に適した身体活動を行うことをさします。

　そうした活動は、子どもの豊かな身体的経験となります。トンネルや緩いスロープ、歩行可能になった子どもが押して遊ぶ押し箱や、一人で入ることができる小さなお風呂のような囲いなどがあると、子どもの主体的な動きを誘発することが可能です。また、床面の固さだけではなく、クッションやマットレスなどの柔らかい物やカーペットなど、通常とは少し異なる重心移動による歩行を促すものは、同時に足の裏からの様々な感覚刺激を得ることにもつながります。

子どもの様々な動作を促す遊具

3章　乳児クラスの保育実践と環境づくり

立位から四つ這い、さらに座位、そして四つ這いと様々な姿勢変換を経験する

　歩行が可能になる前後の子どもには粗大運動を促すトンネルやスロープなどの遊具、寝返りの時期の子どもには活動のための十分なスペースと、触りたい、いじりたいと思えるようなおもちゃを視界のなかに配置し、そうした動きを誘発することが大切です。壁面に、子どもが座位や立位の姿勢で手を使って遊べるような高さでおもちゃを配置することも有効です。

　ボールは様々な大きさ、固さ、手触りのものを用意します。戸外での運動に使う物ではなく、0歳児が室内で遊ぶための物として扱います。投げる、転がすなど、ボールは子どもの働きかけに応じて様々な反応が返ってきます。それによって、さらなる子どもの動きが誘発されます。大きさも、両手で握る物、片手で持てる物、手のひらで握れる物など、大きさが様々であると、子どもの手だけでなく、腕や肩、それぞれの関節なども動かし、多様な動作を経験することにつながります。

　ボールと同様に、転がる物も子どもの粗大動作を促します。転がる際に音が鳴る物は、転がり方に応じて音も変わるので、子どもの働きかけに応じて様々な反応が返ってくるものといえるでしょう。

　歩行が可能になったら、押したり引っ張ったりすることを楽しめるおもちゃも用意しましょう。少し重みのある物を持って歩くことも、平衡感覚を養ないながら歩行する経験となります。ちょっとした「お荷物」を用意しておきましょう。直径が子どもの肩幅程度までのリングは、両手に持って動かすだけでなく、肩にかけたり、頭に載せたり、足元からくぐらせたりと、いくつもの遊び方を楽しめます。そうした遊びのなかで、子どもは自分の体の部位や大きさを経験的に把握していきます。自分の体の大きさや位置の感覚は、自分で衣服を着脱するようになった時に必要となる感覚です。

●操作を促す遊び

　この年齢の子どもは、物を口に入れ、その感触を確かめることも遊びの一つとなります。したがって、素材は子どもが口に入れても安全であることを確かめることが必要です。そうした行為を含めて、この年齢の子どもは、物をいじったり試したり、単純な操作を楽しみながら、上半身の特に腕や手指を使って物の操作を経験します。操作は思考の最初の段階といわれるもので、子どもは遊びのなかで単純な因果関係や、考えることを学んでいきます。また、子どもが手に取った際に、手のひらから様々な感触が経験できるよう、様々な素材の物を用意することも大切です。

　ガラガラなど、子どもが手に持って振ったりいじったりすることで音が出る物は、子どもの腕や手指動作を促します。洗面器やバケツ

出し入れを様々に楽しむことができる豊富な道具

豊富な遊び道具が子どもの遊びを豊かにする

は、子どもが両手で持ち上げたりひっくり返したりして、両手を使う遊びを促します。フタ付き容器や液体用の容器などに、お手玉やジャラジャラ音のするチェーンや柔らかい布など子どもが手に取れる大きさの物を入れておくと、中に入っている物を出すことを楽しみながら左右の手の異なる動作を経験します。出す遊びを十分に楽しんだら、出すだけでなく、出し入れを楽しめる物を用意します。入れる動作は、目で位置関係を正確に把握し、手で物を正しい位置に運ぶ操作が必要になるものです。既述の道具に加え、重ねカップや型落としなども用意しましょう。積み木でも出し入れの動作と同様の動作を経験できます。

子どもからの働きかけに応じて動く物は、動きそのものを楽しむだけでなく、動かす時の腕の力の調節など様々な楽しみ方があります。たとえば車など、シンプルな物をたくさん用意しましょう。おもちゃが単純であるほど、子どもの遊びは豊かになります。自然の風に反応するモビールや風車なども動くおもちゃです。大人の見守りのもとで、子どもが口をつぼませて息を吹きかける動作は、頬の筋肉と一定量の呼気

操作を促す遊びと歩行などの粗大運動を促す遊びのための様々な道具

が必要なもので、発話の際に特定の音を発する（構音）ために必要な身体の部分操作です。遊ぶことそのものが、言葉を獲得し使うための「練習」となります。

人形など感触が柔らかい物は、触れることでホッと安心できます。人形は、この年齢の子どもが抱きやすい大きさの物を複数用意しましょう。

また、子どもの目の高さに合わせて鏡を用意すると、子どもが鏡を覗き込んで、自分の姿を視覚的に捉え、客観的に自分の体を理解することを助けます。

3 1歳児の保育環境づくり

動きも遊びもどんどん活発になる時期です。子どもの遊びや生活がスムーズになるよう、子どもの育ちを支える環境をつくります。

家具と配置

●睡眠のための家具と配置

1歳児では、前半期にベビーベッドを常設することもあります。4月当初など、生活リズムが不安定な時期には、子どもによっては午前睡が必要になる場合もあります。そうした場合のベッドの配置などは0歳児の環境づくりと同様の配慮が求められます。

ベビーベッドを常設しない場合、午睡時のみに使う簡易ベッドや布団を収納する場所が必要です。収納場所は通常簡単に変えられるものではないので、午睡スペースは布団の収納場所や遊びスペース、子どもと大人の一日の生活動線を鑑みて設定します。

午睡中の子どもが睡眠を妨げられず、目が覚めた子どもの活動が保障できる最適な場所を見つけましょう。

●食事のための家具と配置

1歳児の食事は、二人程度の子どもを一人の大人が介助します。したがって、食事用テーブルはこの3人が囲める程度の大きさで十分です。テーブルが大きすぎると、その分空間を占領してしまいます。また子どもが食事に使うテーブルは、高さをきちんと確認しましょう。子どもの体の大きさやいすの高さと適合することも確認する必要があります。いすは、座面の高さや背面など、子どもに合わせて調節するのは既述

午睡中の子どもの睡眠を妨げず、目覚めた子どもの遊びを保障する

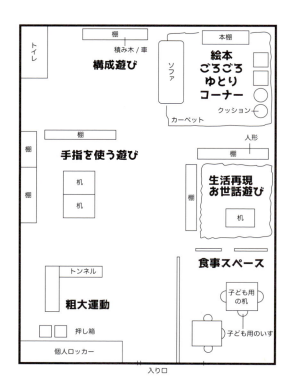

子どもが落ち着いて食事をする

のとおりです（59頁参照）。

　食事の空間は、遊びの空間と分離して配置します。子どもが落ち着いて食事ができるよう、遊んでいる子どもが遊びを妨げられることのないよう、大人の動きが子どもの動きを妨げないよう、基本的な生活動線を考慮して食事の場所を決めます。少人数で、時間差を組んで食事を進めることを前提にすると、食事のための空間を必要以上に広くとることはありません。食事の空間として使うスペースが広すぎない分、遊びのスペースを広く使うことが可能となります。

食事する子ども、遊ぶ子ども、それぞれの活動を尊重する空間の使用

●遊びのための家具と配置

　1歳児の遊びの空間には、室内での粗大運動遊び、生活再現遊び、お世話遊び、操作遊び、構成遊び、絵本など、遊びの種類によってコーナーを設けます。子どもが立位で遊べるような高さに壁面遊具を設置するのも有効です。

　コーナーは、棚や机の配置によって区切ることが基本です。しかし、この年齢では子どもの遊びは移行しやすいため、子どもが各コーナーを移動しやすいように配置しましょう。また、時には子どもにも「ゆったりとくつろぐ」時間が必要です。クッションなどの柔らかい物を用意して、もたれたり転がったりできるようなスペースも設けましょう。その際に、絵本のコーナーに柔らかいクッションなどを置き、くつろぎのスペースと兼ねて使う場合もあります。

コーナーを机や棚で区切る

マットや柔らかい物を置いたくつろぎのコーナー

生活のための環境

●睡眠

　睡眠の際に、簡易ベッドや布団を出し入れする場合は、一人ひとりの子どもの定位置を決め

3章　乳児クラスの保育実践と環境づくり

ておきます。いつも同じ場所で生活することは、子どもの安心につながるとともに、自分の眠る場所を理解しやすく、子どもが見通しをもって生活することを支えます。簡易ベッドの下に入れ物を用意し、起床した後に着用する衣類を入れておくと、起床後の生活の流れを子どもが「見える」ように助けることとなります。

　一人ひとりの子どもの定位置は、クラスでの生活の流れとそれぞれの子どもの入眠・起床時間を考慮して配置します。比較的起床が早い子どもは、午睡の位置を起床後に遊ぶスペースの近くに配置すると、起床後の遊びをはじめやすく、他の子どもたちの午睡を妨げることを避けることが可能となります。

午睡でも子どもの定位置を定め、いつも同じ場所で安心して眠れるようにする

●食事

　食事のテーブルは、遊びの時には机上遊び用の机として使うことが多々あります。もちろん食事の際は消毒を行いますが、外見がそのままの物を使うよりも、テーブルクロスをかけるなどすると、子どもはそのテーブルが今は食事のテーブルであることを視覚的に理解することができます。

　お手拭き用のタオルやエプロンは、子どもが自分で手に取って使いやすい位置に置きます。エプロンは、首側を上に向けて畳み正面に置くと、子どもが自分で手に取って着脱しやすくなります。

　この年齢の食事では、子ども用のスプーンと

子どもの人数分、介助用スプーンを用意する

大人が介助に使うスプーンを子どもの人数分用意します。子どもがスプーンを使って自分で食べられるものは、子どもに任せますが、一口量が把握できるまでは、スプーンで一口量以上をすくい取ったり、口からこぼれてしまったりすることもしばしば起こります。大人は子どもの正面からスプーンで一口量をすくって見せたり、子どもの口からこぼれたものを介助用スプーンですくったりして、適宜援助を行います。

子どもが一口量を把握できるよう援助する

また、何でもやろうとする子どもの姿を重視して、ご飯もおかずも汁物まで手づかみで食べることを「意欲的」と肯定的に捉えることは、大きな間違いです。子どもの意欲を尊重することと、何でもやらせることは全く違います。子どもの意欲を尊重し、子どもにできることは任せて見守る、できないことを手伝う、その見極めと援助が大切です。手づかみで食べる物を用意する、発達に応じて一口で食べられる物、子どもが前歯で噛み切って二口程度で食べる物を栄養士や調理員と相談しながら用意していくことが必要です。スプーンの操作は、子どもの腕や手指の発達を見極めて手伝います。一人の子どもの発達を把握し、見極めながら食事援助を進めます。

食事で使う食器は、子どもの手で持ちやすい物を選びます。コップは持ち手があるものより、両手の五指に力を入れて持てるような物、スプーンですくいやすいように縁が垂直になっているお皿を選ぶと、食器が子どもの操作を助け

てくれます。

● **排泄**

自分で歩けるようになると、保育士と一緒におむつ交換に向かいます。おむつ交換台は、子どもが自分で寝転がることができるくらいの高さの物が好ましいです。保育士の手元には、おむつ交換に必要なおしりふきタオルや使用済みおむつを入れるバケツ、消毒スプレーなどを揃えておきます。おむつ交換台の傍には、子どもが座って着脱ができるような腰掛け台を用意しておきましょう。床に座ってズボンを履くよりも、腰かけた姿勢の方がズボンは履きやすく、また子どもが立つ時にも保育士の介助が不要です。つまり、この腰掛け台が、子どもが自分で着脱することを助けてくれるのです。

子どもが着脱の際に使う腰掛け

1歳を過ぎると、一人ひとりの子どもの発達に応じてトイレトレーニングもはじまります。便器は子どもが腰かけられる高さの洋式便器が望ましいですが、必ずしもそうでない場合には、足元に台を置き、手がかりとなるバーを設置するなどして、子どもが便器に座る動作をとりやすくします。後ろ向きで台に上るというのは、大人でも難しい動作となるため、保育士の介助が不可欠です。トイレットペーパーを引っ張り、適度な長さを判断して切ることは、この年齢の子どもには難しいため、適度な大きさに畳んだ物を保育士から子どもに渡します。最初のうち

は、あらかじめ畳んだトイレットペーパーを用意しておきます。

遊びのための環境

●粗大運動を促すための環境

1歳前後は歩行がはじまる時期です。歩行の安全のために何も置かない空疎な空間ではなく、楽しんで歩行ができるような遊具や、歩きながら押したり引っ張ったりするおもちゃを用意し、子どもの豊かな活動を促す空間をつくりましょう。

粗大運動は歩行に限らず、子どもが様々な姿勢をとることで平衡感覚をより豊かに使う活動でもあります。トンネルや押し箱、出入りのできる囲いなども、室内に用意しておきましょう。また、足の裏から様々な感覚を感知できるよう、床面にはカーペットや畳、さらには少し粗目のマットなど様々な素材のものを用意し、安全性を確認した上で使いましょう。

おもちゃを片づける際に、吊るすためのフックを子どもの手の届く高さから少しだけ高めにしておくと、片づけの動作に「爪先立ち」が入ります。子どもが遊ぶ日常に必要な動作を想定して、環境を構成することが大切です。

●生活再現遊び

このころは、子どもが日常生活で体験したことを再現したり、大人のまねを楽しんだりしはじめます。お皿やコップ、スプーンなどの生活再現遊びの道具を用意しましょう。1歳児の遊びは一人遊びや平行遊びなので、複数の子どもが同じ遊びをできるよう、おもちゃは同じ物を複数そろえる必要があります。また、この時期は「〜のつもり」になって遊ぶことを楽しみはじめる時期でもあります。「つもり遊び」が楽しめるよう、おもちゃの食べ物などは実物と同じような形の物を使います。かばんやかぶりやすい帽子（頭巾）やスカートなどがあると、「つもり遊び」のバリエーションが広がります。帽子やスカートは着脱そのものの「練習」になる

服やスカートなどの道具が「つもり遊び」のバリエーションを広げる

と同時に、対象物を操作しながら、自分の体の部位を体感的に学ぶ機会にもなります。シュシュや輪や子ども用スリッパなども有効です。

● お世話遊び

人形のお世話を楽しみはじめるのもこの時期です。ベッドや布などお世話用の道具を用意しましょう。布は布団にしたり、スリングにしたり、お世話の道具として様々に使う他にも、かぶってみたり、ふんわり広げたり畳んだり、感触を味わったりと様々に楽しむことが可能です。子どもがお世話をする人形は遊びのなかで命と人格をもつ対象として扱う物なので、使わない時は定位置に座らせたり布団に寝かせたりするなど、子どもが扱い方を見て学ぶことができるようにします。

お世話遊びでは人形を「命と人格をもつ者」として扱う

● 操作遊び

1歳を超えると、指先の巧緻性も徐々に高まります。指先に力を入れて操作することも可能になります。遊びのなかで十分に楽しみながら、そうした動きを十分に経験できるよう、おもちゃをそろえましょう。子どもの発達に適した物と少しだけ難易度の高い物を用意すると、それに挑戦しようとして集中して遊びます。付け外しの操作では、マジックテープは比較的簡単で、スナップボタンは少し難易度が上がります。容器に物を入れる遊びでは、入り口が小さいほど難易度は上がります。入れる物の形が決まっている場合、難易度は高くなります。チェーンなどは長くなるほど難易度が上がります。ファスナーの開け閉めも、指先でつまむのか、リング状の物を指に引っ掛けるのかで難易度は異なります。ひもを通して遊ぶ物でも、ひもを通す対象の厚みや穴の大きさで難易度は異なります。子どもの発達を見極め、それに応じておもちゃを用意しましょう。

指先の細やかな操作を遊びのなかで楽しむ

● 構成遊び

この時期の構成遊びは、何かをつくるというよりも、置く、載せる、並べるなどを楽しむ遊びです。積み木は、子どもの手で扱いやすい大きさで立方体の同じ形の物をたくさん用意しましょう。ブロックは、はめる位置が限定されており、3歳未満児には操作が困難であることと、何かの形を想定して「つくる」ことを楽しむのはずいぶん先であることから、この年齢でおすすめできるものではありません。子どもの発達に適したおもちゃを選びましょう。

置く、載せる、並べるなどを十分に楽しめる豊富な道具

4 2歳児の保育環境づくり

自分でできることが増え、様々なことに挑戦しようとする時期です。子どもの意欲を支える環境を構成することが大切です。

家具と配置

●睡眠のための家具と配置

簡易ベッドを置く位置などについては1歳児と同様ですが、2歳児になると、一人ひとりの子どもの生活リズムも安定したものとなり、自分でできる生活動作も少しずつ増えていきます。簡易ベッドの下や枕元に入れ物を用意すると、子どもが着替えを畳んで（三つ折程度）入れることが可能です。着替えがどこにあるか理解していると、目覚めた後の着替えを自分で行いやすくなります。午睡前から午睡後までの子どもの生活行為を想定し、子どもが自分から行為を行いやすくなるよう、環境を構成することが大切です。

●食事のための家具と配置

この年齢では、スプーンを持ち、ほぼ自分で食事ができるようになります。同時にテーブルにつく人数も1歳児よりは多くなり、3人から4人で一緒に食事することが可能になります。テーブルは、それまでよりも大きめの物が望ましいです。落ち着いて食事ができるよう、遊びスペースとは離れた位置に食事のスペースを配置します。また、食事用のテーブルには、テーブルクロスをかけるなどして、子どもが見てわかるような目印となるものを用意しましょう。いすは一人ひとりの子どもの体の大きさに応じて足元の台などで調節しましょう。遊びから食事、食後の午睡準備など子どもが自分で行動し

午睡前から午睡後の生活行為を想定する

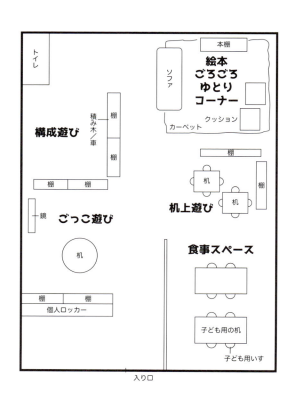

目印のテーブルクロスによって、テーブルが食事用であることがわかる

やすいよう、動線に配慮することが大切です。

●遊びのための家具と配置

　遊びは種類によって、使うおもちゃを類別し、それぞれのコーナーを用意します。各コーナーには、数人の子どもの平行遊びが可能になるよう、おもちゃを十分に用意します。コーナーの配置は、各コーナーの遊びが隣接したコーナーの遊びに干渉しないように、子どもの遊びの動線を考慮して配置します。コーナーとコーナーの間は、棚やテーブルで仕切りますが、子どもが自分で遊びを選び、自由に移動ができるようにしておくことが大切です。

生活のための環境

●睡眠

　一人ひとりの子どもの簡易ベッドや布団などを敷く位置を決めておき、「いつも同じ場所」で安心して午睡ができるようにしておきます。簡易ベッドの下などに入れ物を用意し、着替えを入れておくと、午睡後に子どもが自分で着脱しやすくなります。

各コーナーの遊びが隣接したコーナーの遊びを干渉しないように位置する

遊ぶ子ども、食事する子ども、それぞれの生活の流れが守られる

●食事

　この年齢では、席について手を拭くなど、食前の一連の行動もおおむね自分でできるようになります。子どもがこうした行動をとりやすいように、利き手側に手拭き用タオルや食器などを用意しましょう。自分でスプーンを使えるようになったからといって、すべてを子どもに任せてしまうのは、性急に過ぎます。子ども用と子どもを介助する大人用のスプーンを子どもの人数分用意します。大人は子どもの食事の様子を見て、お皿の上の物を小口に切ったり、お皿の中の物を集めたりして援助を行います。食器は子どもの扱いやすい大きさ、形の物を選びましょう。食後の挨拶を一緒にして、その後に手を拭き、いすをテーブルに戻すなど、子どもが自分で行う一連の行為を最後まで見守ります。

子どもの様子を見て、必要なところで援助を行う

●排泄

　この年齢では、保育士に促されたり自分で排泄を予告したりして、トイレに行くことができるようになってきます。保育士は子どもの排泄リズムを把握し、時間を見て声をかけていきます。可能であればトイレのなか、無理な場合はトイレの入り口に着脱用の腰掛け台を用意しましょう。子どもが自分でできることも多くなりますが、必要なところでは大人が手を貸しながら着脱を行います。排泄後には、子どもと一緒にトイレットペーパーを切り、子どもと一緒に確認しながらトイレットペーパーの長さや切り方を伝えていきます。子どもが自分で手を洗いやすいように、必要であれば洗面台の足元に台を用意したり、子どもの手の届く位置に石鹸を置いたりします。また、手洗いの後、スムーズにタオルで手を拭くことができるような位置にタオルハンガーを設置するなど、子どもが自分で行動を行いやすいように動線を考慮しましょう。

遊びのための環境

●粗大運動を促すための環境

　2歳児では、基本的な運動能力が高まり、探索行動が広がっていきます。屋外では、追いかけっこやボール遊び、鉄棒、フープなど体を十分に動かす遊びがはじまります。

　また砂遊びや泥んこ遊びの際には、イメージ

くぐる、登る、つかまるなどを楽しんで活発な動きを経験する

が再現できるような道具を用意しておきます。保育士の言葉かけも想像がふくらむような対応をしていきましょう。室内では平均台など平衡感覚を使う遊びができるようにしておきます。

●ごっこ遊び

　見立て遊びをはじめるようになるこの年齢では、子どもが自分のイメージに合わせて扱えるような、様々な具材を用意しましょう。おもちゃは具体物でなくても構いません。カラーチェーンやフェルトボール、お手玉などはままごとのごちそうに使えるだけでなく、並べたり出し入れしたりする操作遊びにも使えます。色は何色か用意しておき、いくつかの色のなかから、子どもが好きな色を選び抽出できるようにしておくことが大切です。

　レンジ台やテーブルなど、ままごとで使う家具なども用意しましょう。食器やごちそうの具材、エプロンやスリッパ、バッグなど、子どもがごっこ遊びに使う道具も十分に用意しましょう。お人形とその洋服やお世話に使う道具も必要です。大判のシフォンなどの布は、様々な道具として使うことが可能です。ごっこ遊びの道具は、何にでも見立てることのできるシンプルな物をたくさん用意しましょう。

複数の子どもが同時に操作のある遊びを楽しむ平行遊び

●操作遊び

　指先の巧緻性が高まり、細かな操作をどんどん楽しむようになります。ボタンをはめて長くつないでいく物や、型はめ、ピース数の少なめのパズル、ひも通しなど、平行遊びで複数の子どもが同時に楽しめるよう、十分な量を用意しましょう。また、ひも通しなどは、通す物自体の大きさ、厚みや穴の大きさで難易度が変わるため、子どもの発達に応じた物と少しだけ難易度の高い物も用意しましょう。ひもの長さによっても難易度は変わるので、何種類かの長さのひもを用意します。この時期の子どもは、つないだり並べたりして遊ぶことを好みます。様々な大きさや色の具材とそれらを並べるため

3章　乳児クラスの保育実践と環境づくり

ごっこ遊びで使う様々な道具（衣類、お世話のための道具）

ごっこ遊びで使う様々な道具（台所用品、食べ物となる素材）

手を使って操作を楽しむための道具を豊富にそろえる

の器（製氷器やストライプまたは格子模様のランチョンマット、お盆など）をそろえ、並べたりなぞったりして遊べる物を十分に用意しましょう。こうした体験が、数量の感覚の基礎となります。操作遊びは、机の上で落ち着いて遊べるよう、道具を置いている棚と机は近くに設置することが求められます。

●構成遊び

床の上に、積み木やレールを並べるのが楽しい時期です。車だけを長くつないで走らせたり、積み木をひたすら並べたりして遊びながら、子どもは「長さ」を感覚的に体験します。積み木で何かを作るというより、並べることを楽しみます。さらには、積み木を並べて「囲む」ことで、空間を区切って遊びはじめます。この時期は、同じ形の積み木をたくさん用意しましょう。同じ形の物を並べることは、「比較」にもなり、「倍」の体験にもなります。並べるのと同様に「載せる」ことも楽しみます。積み木は、ブロックとは異なり、接続の位置が限定されない分、自由度が高くなります。その一方で重心の安定が必要になるので、操作にはより正確さと注意が必要です。イメージをもって遊びはじめる年齢の子どもが、試行錯誤を繰り返しながら遊ぶことができる優れた教材といえるでしょう。

並べるための道具（積み木）がたくさんあることで遊びが広がる

並べる、載せるなど構成遊びのための道具（積み木等）を豊富に用意する

第4章

育児担当制の実際

育児担当制は、クラスの保育士間の連携によって成立します。
ここでは、クラスのなかでの子どもの生活の流れと
保育士の動きを詳細に解説します。

1 育児担当制実施のための人的環境

育児担当制では、子どもの生活がスムーズに流れることが重要です。子どもの生活時間を把握し、1日の生活の心地よい流れをつくります。

流れる日課

基本的な子どもの生活は、クラス単位での集団生活の流れに沿って行うものではありません。育児担当制では、一人ひとりの子どもがそれぞれスムーズな生活を送れるよう、生活の流れを構成します。スムーズな生活の流れとは、子ども自身が見通しをもちやすく、自分の行為を実行し、必要以上に待たされることのない安定した生活の流れをさします。このスムーズな生活の流れは、「流れる日課」とも呼ばれるもので、一人ひとりの子どもの生活リズムのことを指しています。

集団生活では、個人が全体の流れに適応することが求められますが、3歳未満児では一人ひとりの生活リズムが異なることは当然です。子どもを集団のリズムに適応させるのではなく、一人ひとりの子どもの生活リズムを尊重した時間の流れをつくることが大切です。子どもそれぞれにデイリープログラムがある、という捉え方です。クラスの生活リズムは集団生活の流れというより、一人ひとりの子どもの生活リズムの集合体と捉えましょう。

子ども一人ひとりの生活リズムは、睡眠、起床、食事、排泄などが毎日同じように繰り返されるものです。そのなかで十分に遊ぶ時間が保障され、食事や排泄など、生活の区切りや場面が変わるときに必要以上の待ち時間をつくらないようにすることが大切です。たとえば家庭で

は、大人が子どものお世話をするときに、子どもが必要以上に長く待たされることはありませ

図4-1 0歳パンダ組 子どもの日課表（例）

時間	A保育士		
	①ゆうき 1歳2か月	②みれい 1歳1か月	③あやな 1歳6か月
6:00			
7:00			
8:00		登園	
9:00	登園 戸外	戸外	登園 戸外
10:00	入室・排泄	入室 排泄	入室 排泄 30 食事
11:00	排泄 10 食事	50 食事	
12:00			
13:00			
14:00		排泄	排泄
15:00	30 排泄 食事	05 食事	30 食事
16:00			排泄
17:00	排泄 降園	排泄	降園
18:00		降園	
19:00			

ん。食事や排泄など、生活に関わる行動を行う際、保育士が他の子どもたちの準備などのお世話をする時間が、子どもにとっては「待ち時間」となります。特に目的もなく待つ時間は、子どもにとって「空白」です。その空白の時間、子どもは見通しももてず、不安を抱きやすくなります。子どもが安心して意欲的に生活するために、無駄な待ち時間のない、スムーズで安定した生活を構成します。

　安定した生活とは、突発的な事柄にふりまわされない、毎日のリズムが一定している生活です。生活リズムは、登園後に遊びがはじまり、

排泄をして、間食をとり、また遊んで昼食、その後に午睡、という大まかな流れで捉えがちです。しかし、特に3歳未満児は生活をそうした大きな枠組みで捉えることはありません。子どもが理解できる生活とは、登園後の遊びを終えて、室内に戻る際、靴を脱ぎ、それを収納し、手を洗って、拭いて、テーブルに着く、というような具体的な行為の連続です。子どもが安心できる生活の流れを構成する際には、子どもの具体的な行為の連続が「いつも同じである」ようにする必要があります。毎日、同じことが同じように繰り返される、それが子どもにとって

図中の数字は時刻（分）　　　　睡眠

B 保育士			C 保育士			D 保育士	
④みさき	⑤ともこ	⑥まこと	⑦りょうじ	⑧かおり	⑨まゆ	⑩てつや	⑪あすか
1歳4か月	1歳2か月	1歳0か月	1歳0か月	1歳4か月	1歳2か月	8か月	6か月
					登園		
	登園					登園	登園
	排泄			登園 戸外	戸外	排泄	排泄
		登園	登園	入室・排泄	入室		
	戸外	戸外	排泄		排泄		
登園 戸外							
入室	入室	入室			00　食事	排泄 00 ミルク離乳食	
	排泄 35　食事	排泄 30　食事					30 ミルク離乳食
排泄 00　食事				排泄 00　食事			排泄
			排泄 30 ミルク食事				
						排泄	
	排泄						
				排泄			
		30　食事				排泄	排泄 30 ミルク離乳食
排泄 00　食事	00　排泄 食事				00　食事	50 ミルク離乳食	
			排泄 30 ミルク食事	20　食事			
					排泄 降園		
			排泄	排泄 降園			
		排泄				排泄	排泄
排泄	排泄						
降園	降園	降園	降園			降園	降園

4章　育児担当制の実際

の安定した生活の流れです。育児担当制では、子どもにとって安定した生活の流れを保障することを重視します。

担当する子どもの組み合わせ方

　一人の保育士は複数の子どもを担当します。担当する子どもたちは、登園時間や子どもの24時間の生活の流れを踏まえ、園での生活時間の流れが相似している子どもたちを組み合わせます。担当する子どもの生活時間が近いことで、保育士は一人ひとりに対する生活援助を行いやすく、また、保育士の援助の流れがつくりやすくなります（前頁図4-1）。組み合わせを決める際には、必ずしも月齢を基準にする必要はありません。月齢が近くても、24時間で見た生活時間が異なるなら、食事や排泄の時間に違いが出ることは当然だからです。場合によっては、各保育士が担当する子どもの月齢にバラつきが出ることもあり得ます。基本的に、担当する子どもの食事、排泄、着脱などの生活援助は必ず担当者が行います。こうした生活援助は、どの子どもも毎日必ず必要とするものです。特定の保育士がいつも同じ子どもに対して生活援助を行うことで、一人の子どもに関わる頻度は高くなり、子どもが安心すると同時に、子どもと保育士の間に結ばれる絆もより強くなります。

　なお、担当を決めたら「第2の担当者」も必ず決めておきます。担当者がいないときや、担当者が他児の援助を行うときなどに、子どものお世話を担当する保育士です。第2の担当者は、子どもにとって「第2の基地」となる存在で、育児担当制の実施に不可欠です。

保育士間の協働

　育児担当制は、保育士単独で完結するもので

はありません。複数の保育士が協働して成立するものです。ここでいう協働とは、複数のクラスのなかで子ども集団が行う一つの活動をリードする保育士、それをフォローする保育士、というような役割分担ではありません。クラス内で、保育士はそれぞれが担当する子どもの生活援助を担います。子どもの生活の流れは一人ずつ異なるため、保育士が全員同じことをするわけではありません。むしろ、保育士それぞれが担当する子どもの生活の流れに沿って援助を行うため、クラス担任同士でも保育士の行動は異なります。

　クラス内でそれぞれの保育士の行動が異なるからこそ、協働が必要になります。たとえば、一人の保育士が担当の子ども全員を連れてトイレに行くわけではありませんので、担当者が子どもとトイレに行っている間、第2の担当者や担当者以外の保育士が残った子どもたちの遊びを見ます。そうしてトイレに行く保育士、遊びを見ている保育士など、クラスのなかで各保育士が他の保育士の行動を把握し、助け合うことで育児担当制が成立するのです。それは、自分の担当する子どもたちの生活の流れだけではなく、担当外の子どもの生活の流れを把握することともいえます。クラス全体の流れを把握するということは、一人ひとりの子どもの生活の流れを把握することと同義です。保育士がクラス内でお互いにフォローし合いながら、自分が担当する子どもの援助と他の保育士が行う援助を助け合って進めていきます。クラス内でのそうした保育士の協働によってこそ、一人ひとりの子どもに対する丁寧な生活援助が成立するのです。

　育児担当制はグループ保育でもありません。少人数のグループでいつも一緒に行動するような形態とは異なり、子ども一人ずつの生活の流れを尊重して援助を行います。複数のクラス担任が同時に同じことを行うこともありません。それぞれの保育士が担当する子どもたちの生活の流れに沿って、保育士の動きはフォーメーションを構成しています。このフォーメーションが成立するには、保育士同士の互いの協働が不可欠です。フォーメーションについては次項で詳しく説明します。

2 フォーメーションの実際 ～クラス内での各保育士の動き～

ここでは、各保育士の動きを詳細に解説します。育児担当制は、クラス内の保育士間の協働によって成立するものです。

0歳児クラスのフォーメーション

0歳児クラスは子どもが11名、保育士は4名です。3名の子どもは月齢が低く、離乳食を食べています。3名の子どもは午前睡が必要です。次頁からは、保育士がそろう9時から12時までの流れを図と文章で示しています。

図4-2 0歳パンダ組 保育士の日課表（例）

時間	子どもの活動	A保育士（7:00～16:00） ❶ゆうき❷みれい❸あやな	B保育士（9:00～18:00） ❹みさき❺ともこ❻まこと	C保育士（9:00～18:00） ❼りょうじ❽かおり❾まゆ	D保育士（8:15～5:15） ⚒てつや⚒あすか
7:00	順次登園	出勤 乳児早出の仕事			
7:30					
8:00					
8:15					出勤 お茶の用意
8:30					睡眠 ⚒てつや（90分） ⚒あすか（120分）
9:00	戸外遊び・室内遊び	戸外	出勤 出席人数確認・連絡 戸外	出勤 室内遊び	トイレ掃除 室内遊び
9:30					おしぼり・食事準備 室内遊び
9:45		❷みれい・❸あやなを室内に ❶ゆうきと入室 順次3名の排泄	❻まこと・❺ともこを室内に ❹みさきと入室 順次3名の排泄	❾まゆ排泄 00 ❾まゆ 食事	⚒てつや・⚒あすか排泄 00 ⚒てつや ミルク食事
10:00	順次食事				
10:30		30 ❷みれい 食事 50 ❸あやな 〃	30 ❻まこと 食事 35 ❺ともこ 〃	❽かおり・❼りょうじ排泄	15 ⚒あすか ミルク食事
11:00		10 ❶ゆうき 〃	00 ❹みさき 〃	00 ❽かおり 食事 30 ❼りょうじ 〃	
12:00	食事終了 順次午睡	食事終了後 休憩	片付け・床拭き		11:30 休憩
12:30				12:30 休憩	
13:00			13:00 休憩		
14:00					
14:15					おやつ準備 おやつ
14:30	順次おやつ		おやつ 30 ❻まこと 50 ❺ともこ		30 ⚒てつや 45 ⚒あすか
15:00		おやつ 00 ❶ゆうき・❸あやな 20 ❷みれい	10 ❹みさき	おやつ 00 ❼りょうじ・❽かおり	
15:30	おやつ終了				
16:00		退勤			片付け・床拭き
16:30	順次降園				
17:00					遊具消毒
17:15					退勤
17:30					
17:45			調乳室片付け確認		
18:00					
			退勤	退勤	

4章 育児担当制の実際

保育士と子どもほぼ全員がそろいます。
受け入れと遊びのスタート、排泄や睡眠の援助を行います。

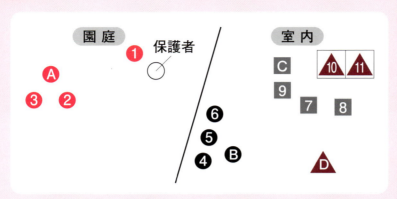

1
Ⓐ保育士は、❷みれい・❸あやなと園庭に出ます。登園してきた❶ゆうきは保護者に園庭に連れてきてもらいます。
Ⓒ保育士は、❾まゆを室内に連れて戻り、おむつを交換します。

2
Ⓑ保育士は、当日の出席人数を事務所に報告してから、❻まこと・❺ともこを園庭に連れてきます。2人の遊びをⒶ保育士に見てもらっている間に保育室に戻ります。
Ⓒ保育士は❼りょうじのおむつを交換し、室内遊びを見ています。

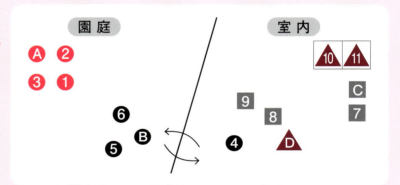

3
Ⓑ保育士は❹みさきと園庭へ出ます。
Ⓓ保育士は、Ⓒ保育士と一緒に子どもの室内遊びを見ます。

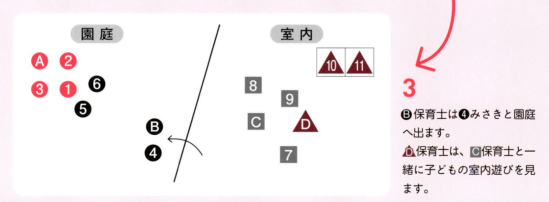

Point!
担当する子ども全員を一斉に動かすのではなく、担当者が保育室と園庭を往復し、一人ずつ靴や帽子の着脱を援助します。担当者が移動する際には、担当者以外の保育士が子どもを見て、互いの動きをサポートします。

9:30 遊びの時間をとりながら、食事の準備をはじめます。

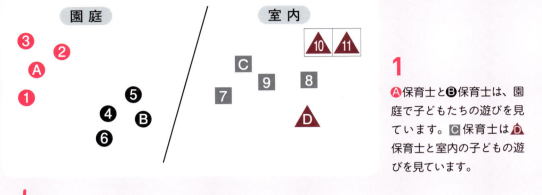

1

Ⓐ保育士とⒷ保育士は、園庭で子どもたちの遊びを見ています。Ⓒ保育士はⒹ保育士と室内の子どもの遊びを見ています。

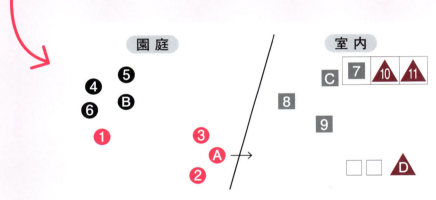

2

ころ合いを見て、Ⓓ保育士はおしぼりやエプロンなど全体の食事準備を行います。
同じ頃、Ⓐ保育士は、❷みれいと❸あやなを保育室に連れて入ります。
その間、Ⓐ保育士が担当する❶ゆうきの遊びはⒷ保育士が見ています。
Ⓒ保育士は7りょうじをベッドに寝かせます。

Point! 保育室内と園庭で、子どもはそれぞれゆったりと遊びます。入室の援助も、保育士の援助が十分可能な人数で行います。それを支えるのは、保育士間の連携です。

9:45　園庭で遊んでいた子どもたちを順次、室内に連れてります。

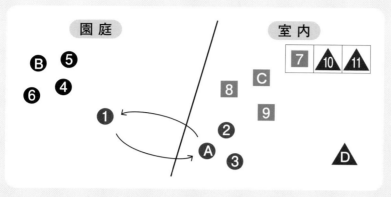

1

Ⓐ保育士が❶ゆうきを迎えに来て、一緒に室内に戻ります。入室したら、❷みれい、❸あやな、❶ゆうきの順でおむつ交換を行います。

2

Ⓑ保育士は、園庭にいる他クラスの担任に、❹みさきの遊びを見てくれるよう声をかけてから、❺ともこ❻まことを連れて保育室に向かいます。

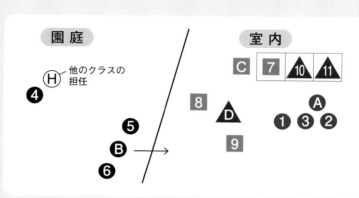

3

Ⓑ保育士は保育室にいるⒸ保育士に❺ともこ❻まことを見てもらい、再度園庭に戻って❹みさきと保育室に戻ります。

Ⓑ保育士が入室したら、Ⓒ保育士は❾まゆのおむつを交換します。
Ⓓ保育士は、子どもの室内遊びを見ています。
⑩てつや、⑪あすかが午前睡から目を覚まします。

Point!
室内で午前睡中の子どもがいる場合は、呼吸チェックが必要です（ここではⒸ保育士が行います）。保育室内にいる他の保育士が遊びを見て、互いの業務をサポートします。

排泄が終わり、食べる用意ができた子どもから食事に入ります。テーブルやエプロンは事前にⒹ保育士が準備していたので、スムーズに離乳食がはじまります。

Ⓐ保育士は室内で子どもの遊びを見ています。
Ⓑ保育士は❻まこと、❺ともこ、❹みさきの順でそれぞれおむつを交換します。
Ⓒ保育士は❾まゆの食事（離乳食）介助をはじめます。
Ⓓ保育士は❿てつや、⓫あすかの順でおむつを交換します。

Point! 各保育士が別の動きをとりながらも、互いに声をかけあうなどして、それぞれの業務にとりかかります。保育士同士が互いの動きを把握していることが前提です。

10:15 一人ひとり食事をすすめていきます。

Ⓐ保育士は室内で子どもの遊びを見ています。
Ⓑ保育士は❹みさきのおむつ交換を終え、子どもの遊びを見るほうに加わりました。
Ⓒ保育士は❾まゆの食事介助終盤です。
Ⓓ保育士は❿てつやの離乳食介助をはじめました。

Point! 各保育士は、それぞれ別の行動をとっていても、子ども側から見ると、一人ひとりの子どもの生活の流れは「いつものように」ゆったりと流れていきます。

10:30 遊び、食事、睡眠、それぞれの子どもの生活が「流れて」いきます。

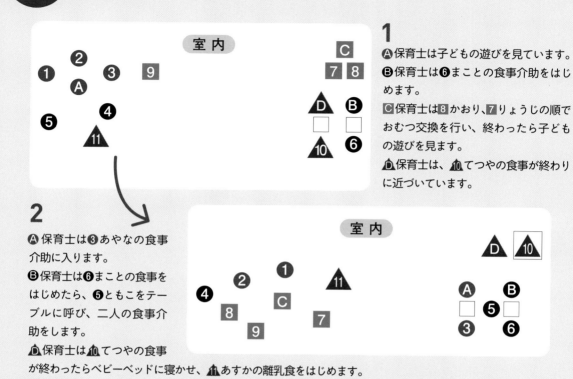

1
Ⓐ保育士は子どもの遊びを見ています。
Ⓑ保育士は❻まことの食事介助をはじめます。
Ⓒ保育士は❽かおり、❼りょうじの順でおむつ交換を行い、終わったら子どもの遊びを見ます。
Ⓓ保育士は、❿てつやの食事が終わりに近づいています。

2
Ⓐ保育士は❸あやなの食事介助に入ります。
Ⓑ保育士は❻まことの食事をはじめたら、❺ともこをテーブルに呼び、二人の食事介助をします。
Ⓓ保育士は❿てつやの食事が終わったらベビーベッドに寝かせ、⛰あすかの離乳食をはじめます。

> **Point！** 自分の担当保育士が他児の援助をしていても、視界の中に担当保育士がいて、子ども自身が見通しをもっていることで、落ち着いて遊んでいられます。

10:45 遊び、食事、睡眠、それぞれの子どもの生活が進みます。

Ⓐ保育士は50分から❷みれいの食事介助をはじめます。
Ⓑ保育士は❻まことと❺ともこの食事介助をしています。
Ⓒ保育士は子どもの遊びを見ています。
Ⓓ保育士は⛰あすかの食事介助が終わりに近づいています。

> **Point！** 食事は1対1もしくは1対2で、落ち着いて進めます。それぞれの子どもの生活の流れのもとで食事をとるので、子どもも保育士も慌てたり急かされたりする必要がありません。

食事介助をしない保育士が、遊んでいる子どもを見ます。

1
Ⓐ保育士は❷みれいの食事介助をしています。食事を終えた❸あやなは、簡易ベッドで午睡をはじめます。
Ⓑ保育士は食事を終えた❻まことと❺ともこを簡易ベッドに寝かせます。

2
Ⓐ保育士は❶ゆうきの食事介助をはじめます。
Ⓑ保育士は❹みさきの食事介助をはじめます。
Ⓒ保育士は❽かおりの食事介助をはじめます。
Ⓓ保育士は⚠あすかの食事が終わったので、子どもの遊びを見ています。

Point! 4人の保育士は、それぞれ子どもの援助にあたっており、一緒に一つのことに取り組んでいるわけではありませんが、子どもたちはそれぞれゆったりと食事をしたり、遊んだりすることができています。

4章 育児担当制の実際

11:15 食事介助が終盤となり、遊んでいる子どもや睡眠をとっている子どももいます。

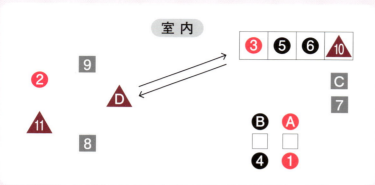

Ⓐ保育士は❶ゆうきの食事を介助しています。
Ⓑ保育士も❹みさきの食事介助です。
Ⓒ保育士は❽かおりの食事が終わったので、7りょうじのおむつを交換します。
Ⓓ保育士が子どもを見ながら、午睡中の子どもの呼吸チェックを行います。

Point!
午睡中の子どもの睡眠チェックはⒹ保育士が行いますが、その際は、他の保育士に声をかけ、たとえばおむつ交換前後のⒸ保育士が遊んでいる子どもに注意を払うようにするなど、連携をとり合います。

11:30 最後まで、一人ひとり排泄、食事の介助をしていきます。

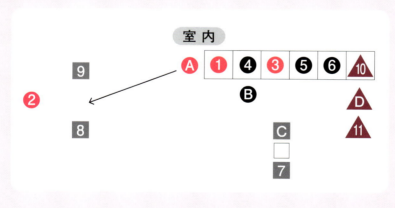

Ⓐ保育士は食事を終えた❶ゆうきを簡易ベッドに寝かせます。そして、午睡をしていない子どもの遊びを見ます。
Ⓑ保育士は食事を終えた❹みさきを簡易ベッドに寝かせました。
Ⓒ保育士は、7りょうじの離乳食介助をはじめました。
Ⓓ保育士は🔺あすかのおむつを交換し、ベビーベッドに寝かせます。

Point!
食事、排泄など、どの子どもも保育士から１対１でゆったりと援助を受けます。一人ずつの生活の流れが保障されることで、それぞれの子どもが落ち着いて生活を送る、その集合体がクラスの流れとなります。

0歳児クラスの
フォーメーションの全体のポイント

①一人ひとりの子どもの生活の流れを保障する

　育児担当制は、複数の子どもを一緒にお世話する形態ではないことが前提です。それぞれの子どもが自分の生活リズムで過ごせるようにします。クラスで一つのことを行うために、保育士が役割を分担するのではなく、それぞれの子どもの生活リズムを保障することで、クラスの生活が成立します。

②保育士同士の連携

　クラス内では、自分だけが子どもの援助をしているわけではなく、同時進行で別の保育士が別の子どもの援助をしています。別の動きをとっているからこそ、互いの動きの確認や、フォローが必要です。食事介助をする保育士と、遊びを見守る保育士、それぞれ別の行動を取ることで、一人ひとりの子どもへの丁寧な援助を可能にします。

1歳児クラスのフォーメーション

1歳児クラスは19名、保育士は4名です。
保育士の一日の流れは1歳児日課表のとおりです。

図4-3 1歳こあら組　保育士の日課表（例）

時間	子どもの日課	E保育士（7:40～16:40）	F保育士（8:20～17:20）	G保育士（9:00～18:00）	H保育士（フリー）（9:30～17:30）
		❶あきら（7:45～19:00） ❷みか（8:00～18:00） ❸うたこ（7:30～18:00） ❹みわ（8:30～18:00） ❺やすこ（8:00～17:00） ❻マキコ（7:35～17:00）	⑦なつこ（8:15～18:00） ⑧はつえ（8:30～18:00） ⑨まりこ（8:00～18:00） ⑩ぎしゅう（8:30～18:00） ⑪あつし（8:00～18:00） ⑫りの（8:30～17:30）	⑬たいら（9:30～17:30） ⑭じろう（8:15～18:00） ⑮みゆき（8:30～19:00） ⑯りっか（8:15～18:00） ⑰なおき（7:30～18:00） ⑱ゆうた（8:00～18:00） ⑲みやび（8:30～16:00）	
7:40	順次登園 室内遊び	出勤 遊具の設定 子どもを室内に 室内遊びを見る			
8:20	戸外遊び		出勤 戸外遊びの準備 子どもを戸外へ ⑨まりこ・⑩ぎしゅう・⑪あつし・⑫りの・⑦なつこ ❶あきら・❷みか・❹みわ		
9:00		子どもを戸外へ ❺やすこ・❻マキコ・❸うたこ	※8:20以降登園の子どもを戸外で受け入れる	出勤：お茶の用意 室内遊びを見る	
9:10				担当の子どもを戸外へ	
9:20	室内遊び		子どもを室内へ 排泄 ⑦なつこ・⑧はつえ		
9:30			排泄 ⑨まりこ・⑩ぎしゅう・⑫りの 排泄 ⑪あつし	⑬たいら　受け入れ	出勤 簡易ベッドを敷く
9:40		子どもを室内へ 排泄 ❸うたこ・❶あきら 排泄 ❷みか・❹みわ 排泄 ❺やすこ・❻マキコ	室内遊びを見る		入室した子どもにお茶を飲ませる 室内遊びを見る
10:00		室内遊びを見る		子どもを室内へ 排泄 ⑲みやび・⑭じろう・⑯りっか 排泄 ⑬たいら・⑮みゆき 排泄 ⑰なおき・⑱ゆうた	戸外へ 戸外遊びを見る
10:20					戸外片付け 室内遊びを見る
10:30	食事	食事準備 食事 ❶あきら・❸うたこ	食事 ⑦なつこ・⑨まりこ・⑪あつし	食事 ⑮みゆき	❷みか・⑧はつえ・⑩ぎしゅう ⑲みやび・⑮みゆき
11:00		❹みわ・❷みか	⑧はつえ	⑭じろう	
11:20		❻マキコ・❺やすこ	⑫りの・⑩ぎしゅう	⑯りっか・⑰なおき	
11:40				⑲みやび（排泄）・⑱ゆうた・⑬たいら	片付け・掃除
12:00	午睡	休憩	休憩	午睡を見守る・日誌記入	終わり次第休憩
13:00		日誌記入	日誌記入	休憩	起きてきた子どもを見る
14:00	目覚め	目覚めた子どもから排泄・着替え・遊び	目覚めた子どもから排泄・着替え・遊び	目覚めた子どもから排泄・着替え・遊び	おしぼり・おやつ準備 簡易ベッド片付け・室内遊びを見る
14:45	おやつ	おやつ ❶あきら・❸うたこ ❹みわ・❷みか ❻マキコ・❺やすこ	おやつ ⑧はつえ・⑪あつし・⑦なつこ ⑨まりこ・⑩ぎしゅう・⑫りの	おやつ ⑮みゆき・⑭じろう ⑯りっか・⑰なおき ⑲みやび・⑱ゆうた・⑬たいら	
15:30	戸外遊び	戸外へ　❹みわ・❷みか ❻マキコ・❺やすこ	戸外へ ⑧はつえ・⑨まりこ・⑩ぎしゅう・⑫りの	戸外へ ⑯りっか・⑰なおき・⑲みやび ⑱ゆうた・⑬たいら	戸外へ ⑮みゆき・⑭じろう・❶あきら ❸うたこ・⑪あつし・⑦なつこ 室内の片付け・掃除
16:00			⑧はつえ　室内へ ⑧はつえの午睡を見る		
16:20	室内遊び	子どもを室内へ 排泄 ❶あきら・❸うたこ			室内遊びを見る
16:30		排泄 ❹みわ・❷みか	子どもを室内へ 排泄 ⑦なつこ・⑫りの		
16:40		排泄 ❻マキコ・❺やすこ 退勤	排泄 ⑩ぎしゅう・⑨まりこ 排泄 ⑪あつし 担当以外の子どもも含め、室内遊びを見る	子どもを室内へ 排泄 ⑮みゆき・⑭じろう 排泄 ⑯りっか・⑬たいら 排泄 ⑰なおき・⑱ゆうた	戸外へ 戸外を片付ける
17:00	順次降園			担当以外の子どもも含め、室内遊びを見る	室内遊びを見る （ベランダ片付け）
17:20			退勤		
17:30					退勤
18:00	延長保育			室内片付け 退勤	

9:40〜

E 保育士が担当の子どもと順次室内へ戻る間、周りの保育士がサポートに回ります。

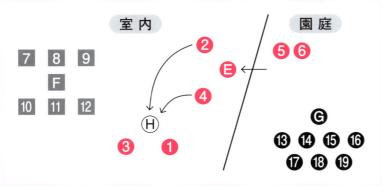

E 保育士は**②**みかと**④**みわと一緒に園庭から室内に戻り、**H**保育者に託します。
F 保育士は先に入室した子どもたちの遊びを見ています。
G 保育士は園庭で担当する子どもと、**E**保育士担当の**⑤**やすこと**⑥**マキコの遊びを一緒に見ています。
H 保育士は先に入室していた**③**うたこと**①**あきらにお茶を飲ませ、次に**②**みかと**④**みわにお茶を飲ませ、室内遊びを見ます。

Point!
E 保育士が子どもの移動のために室内と園庭を往復する間、**G**保育士や、担当児をもたないクラス内フリーの**H**保育士が、**E**保育士担当の子どものサポートに回ります。
E 保育士は入室した子どもを**H**保育士に託した後、園庭に残る子どもを誘いに園庭へ戻ります。

〜10:00

E 保育士の担当の子どもが室内に戻ったら、**H** 保育士は園庭に出て、**G** 保育士のサポートに回ります。

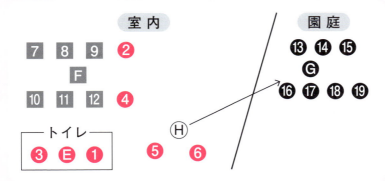

E 保育士は排泄の援助を行います。
⑤やすこと**⑥**マキコは**H**保育士とお茶を飲んでいます。
③うたこと**①**あきら、次に**②**みかと**④**みわ、その次にお茶を飲み終えた**⑤**やすこと**⑥**マキコの順で、2人ずつトイレに誘います。
F 保育士は、**E**保育士担当の子どもも含めて、室内で遊ぶ子どもたちを見ています。
G 保育士は、**⑬**たいらと**⑯**りっかを誘い、室内に戻ります。
H 保育士は、**⑤**やすこと**⑥**マキコがお茶を飲み終えて遊びはじめたら、園庭に行き、**G**保育士担当の子どもたちの外遊びを見ます。

Point!
常に保育士同士、動きに目を配り、声をかけあって連携をとります。担当以外の子どもの生活の流れと互いの動きを把握しているからこそ、連携が可能になります。

4章 育児担当制の実際

10:00〜 ⓖ保育士が子どもと順次室内へ戻り、排泄の援助をするあいだ、周りの保育士がサポートに入ります。

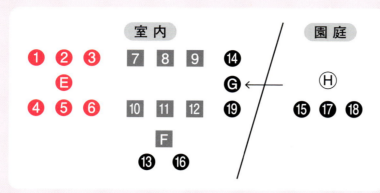

Ⓔ保育士は室内で子どもの遊びを見ています。
Ⓕ保育士は入室した⑬たいらと⑯りっかにお茶を飲ませつつ、室内遊びを見守ります。
Ⓖ保育士は⑲みやびと⑭じろうと一緒に園庭から戻ります。
Ⓗ保育士は園庭で⑮みゆきと⑰なおき、⑱ゆうたを見ていて、Ⓖ保育士が迎えに来たら、3人を任せて、園庭遊びの片付けを行います。

Point!
排泄や食事などの援助を行うときは、基本は1対1で生活援助を行います（92頁の1歳児クラスのフォーメーションの全体のポイント②参照）。直接の援助の対象でない子どもは、それぞれが遊びを楽しめるよう、周囲の保育士が見守るなどサポートを行うようにします。

10:15〜 子どもは室内でも、それぞれの好きな遊びを楽しみます。

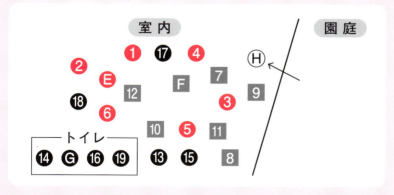

Ⓗ保育士も室内に戻り、子どもたちの遊びを見るほうに加わります。

Point!
ここでは、子どもの状態を見極めた上で保育士の担当人数を工夫し、一人がクラス内フリーとして動けるような体制を取っています。配置基準上、1・2歳児は子ども6人に対して大人一人がつきますが、あくまでもクラス内での工夫の1例として紹介しています。

食事の準備をはじめます。

Ⓔ保育士は 10 時 30 分の少し前から食事の準備に入ります。
Ⓕ保育士とⒽ保育士は、室内で遊ぶ子どもを見ています。
Ⓖ保育士は❶なおきと❶ゆうたをトイレに誘い排泄の援助を行います。

Point!
Ⓔ保育士の食事の準備は、食事用のテーブルを出し、すべての子どものお手拭きを用意したり、エプロンを担当保育士が取り出しやすいように配置したりするなど、全体に関わる用意も含みます。それが終わったら、自分が担当する子どもたちの食事の準備に入ります。

10:45 登園時間の早い子ども、食事を食べる体勢ができた子どもから、食事の援助を行います。

Ⓔ保育士は、登園時間の早い❶あきらと❸うたこの食事援助をはじめます。
Ⓕ保育士は、少し時間をおいて、❼なつこと❾まりこ、⑪あつしの食事援助をはじめます。
Ⓖ保育士とⒽ保育士は、食事をしていない子どもたちの遊びを見ています。

Point!
食事や排泄などの順番は、子どもの 24 時間の生活の流れと、それぞれの子どもの体のリズムを勘案して決めていきます。複数の子どもの朝食が同じ時間だからといって、昼食の時間も全く同じというわけではありません。子ども一人ずつの体のリズムを把握し、園での生活の流れをつくりましょう。

4章 育児担当制の実際

91

1歳児クラスの
フォーメーションの全体のポイント

①遊びの見守り

歩行が安定し、行動範囲も広がる年齢です。子どもが自らの興味・関心によって、様々な行動をとり、遊ぶので、特定の保育士が、担当の子どもの遊びだけを見守ることは不可能です。遊びを見守る保育士は、自分の担当以外の子どもの遊びを見守りながら、子どもの様子や新たな発見を担当保育士に伝えるなど、連携を密にとり、情報を共有することが大切です。

②保育士同士の連携

着脱や食事など、身の回りの行動を自分でやりたがるようになるのも、この年齢です。二人程度の子どもを一緒にトイレに誘うなども可能になりますが、子ども一人ではできないことも多いため、援助は1対1で行います。子どもの意欲を支えるためにも、一人ひとりの援助が可能な人数で行動できるよう、クラス内の保育士同士がサポートし合います。

2歳児の育児担当制

● 2歳児クラスでのフォーメーション

「児童福祉施設の設備及び運営に関する基準」に示された子どもの数に対する保育士数は、1歳以上3歳未満児では6対1と定められており、1歳児クラスと2歳児クラスに配置上の違いはありません。

2歳児クラスでの育児担当制の実施に際しては、基本的なフォーメーションの組み方や保育士同士の連携は、1歳児クラスで行うものと大きく変わることはありません。しかし、1歳と2歳では発達の差は大きく、実際の援助に関しては、1歳児と同じというわけにはいきません。

● 2歳児の生活援助

食事や排泄、着脱などの生活場面では、2歳児は1歳児よりも自分でできることが多くなります。その一方で、自分一人ではできないことも、まだまだ存在します。できることが多くなったとはいえ、2歳は子どもが生活行為を着実に身に付けていくプロセスの途中にいるといえます。1歳児とは異なる形で保育士の援助が必要な時期です。生活援助での見守りは多くなりますが、途中でぶつかる難しい箇所を、子どもが理解を伴って確実に自分でできるように援助することが求められます。

屋外に出るときや食事など、一緒に行動する人数が1歳児では二人だったものが、2歳児では3人になるなど、人数が増えていきます。子ども自身が成長し、自分でできることが増えるため、1歳よりも人数の多い規模での行動が可能になります。ただし、子どもが複数でも、保育士の援助は1対1が基本です。

● 2歳児の遊びの援助

遊びの場面でも、援助の捉え方は生活場面と同様です。1歳児では平行遊び中心だったのが、2歳児では他児の存在を意識するようになり、同じことをするのが楽しくなるなど、他児との関わりも増えていきます。2歳半ばごろからは子ども同士が群れて遊ぶ「連合遊び」を楽しむようにもなります。連合遊びでは、その遊びに参加する子どもの興味関心は、自分の遊びそのものにあり、グループに興味・関心を適応させるわけではありません。

2歳の時期は、自我の拡大期でもあります。そのため、遊びのなかで子ども同士の主張がぶつかり合うことも増加します。保育士は、一人ひとりの子どもがその興味・関心のもとに遊ぶことができるよう、援助を行います。それは、見守りであったり、ぶつかり合う主張の代弁であったり、それを互いに伝え合うための媒介であったりします。遊びの援助において留意したいことは、遊びの主導権は子どもにあるということです。保育士が遊びをリードして、盛り上げていくと、やがて子どもの遊びは大人のリードが必要なものとなってしまい、大人なしに遊びを深めたり広げたりすることが難しくなってしまうことが危惧されます。遊びにおいても、必要な時に手助けをするという姿勢が大切です。

●特定の保育士との情緒的絆

2歳を過ぎると、愛着対象から離れて遊ぶことができるようになります。子どもが自立に向かっていくプロセスで特徴的な姿の一つです。しかしそれは、特定の保育士との情緒的絆が不要になる、ということではありません。むしろ、子どもが自分の安全基地の存在を確信できるからこそ、物理的に離れても安心感が継続する、ということなのです。保育士が、子どもの安心できる大人として存在するためには、情緒的絆の形成が不可欠で、情緒的絆は特定者との間に結ぶものであることはいうまでもありません。

4章

育児担当制の実際

（ 育児担当制 Q&A ）

Q1 担当者が休暇や研修で不在の時はどうするのですか?

　最初に担当を決める際には、子どもにとって「特定の人」となる担当者と、「第2の担当者」を決めておきます。主となる担当者が他児を援助している時や、不在の時には、「第2の担当者」が子どもの援助を行うことで、子どもが混乱せず生活を進められるようにします。

Q2 子どもが特定の保育士に固執すると、他の保育士と関係を結べないのではないですか?

　子どもの生活に関する援助は特定の保育士が行いますが、遊びの場面では担当者以外の保育士も子どもの近くにいて子どもに関わっています。長時間の保育時間内には生活行為以外に様々な場面があり、そのなかで子どもは複数の保育士と関わり、それぞれとの関係を結びます。しかし、子どもが特定の保育士との間に結ぶ情緒的絆は、他の保育士と結ぶ関係と質が異なるものです。子どもが自分の「心の安全基地」に愛着を示すことは当然であり、自然な姿であるといえます。

Q3 保育士が、担当児以外の子どもを見られなくなりませんか?

　特定の保育士が子どもの生活援助を行っている時、その保育士が担当する他の子どもは、他の保育士が見ています。保育士が特定の子どもの生活を援助するには、それ以外の場面で担当以外の子どもも見る、ということが前提となります。無論、特定の保育士が担当する子どもをより深く理解しているので、保育士間でその理解を共有するため、日常的な情報交換が必要です。

Q4 援助やその流れが細かく決まっていると、機械的な対応になりませんか?

　援助や流れを決めるのは、子どもの見通しをもちやすくし、生活の安定を図るためです。子どもの見通しは長時間単位のものではありません。食事や着替えなどの場面ごとに「いつも同じ」であることが大切です。また、日常生活のなかでは、突発的に様々な事象が起こるもので、その都度、臨機応変な対応が求められます。こうしたイレギュラーな事象は安定の対極にあるものです。突発的事象が起きやすい日常であるからこそ、子どもの安定を確保するための方策を立てることが大切です。

Q5 どの保育士も同じように関わるほうが、平等に子どもに接することができるのでは?

　子どもは一人ひとり異なります。特に3歳未満児では、同じ年月齢でも発達の進み方は異なります。どの子どもに対しても、それぞれの違いを的確に把握し、援助の必要性を見極め、発達のプロセスを確実に進めるような援助が求められます。したがって、一人ひとりの子どもに対する援助は、それぞれ異なるものとなります。一人ひとりの子どもが、それぞれに必要な援助を適切に受け、どの子どもも確実に発達のプロセスを進めるような援助が、平等な発達援助と考えます。むしろ援助の回数や外見を同じにすることで、必要な援助を受けられなくなることが危惧されます。

3 生活場面での援助

毎日繰り返される生活援助は、子どもの反復学習ともなるものです。保育士はいつも同じ方法で、子どもの学びを意識して行います。

一人ひとりの子どもへの援助

保育所保育指針第2章に、「教育」とは、「子どもが健やかに成長し、その活動がより豊かに展開されるための発達の援助である」と明記されています。これは、単に遊びのみを示すものではありません。生活においても、「その活動がより豊かに展開されるための発達の援助」は存在します。つまり、子どもが生活に必要な行為を獲得していく上で、その生活行為を豊かに経験するための丁寧な援助は、教育的関与と呼べるものです。ただし、その援助は、一人ひとりの子どもの発達を見極め、子どもが行為を獲得していくために必要なプロセスをたどる個別的で的確な援助である必要があります。

育児担当制における援助は、単なる生活援助ではなく、子どもが基本的生活行為を獲得していくことを見通し、豊かな経験とともにそれを着実に獲得していくことをめざす教育的援助です。子どもの主体性を尊重するという名目で、まだできないことまですべてを子どもに任せてしまうのは、単なる放任です。子どもができることと保育士の援助が必要なことを見極めることが大切です。

生活場面の援助では、食事、着脱、排泄など一つの行為に対して、手順を決め、毎回その手順を守ることが大切です。手順を守ることは、子どもにとって「いつも同じやり方」で援助が行われることであり、それによって子どもは安心して援助を受けることができます。それは、安定した援助であるとともに、子どもが次の動きを予想しやすく、自分でできることに参加することにつながります。

育児担当制では、特定の保育士が特定の子どもに対していつも同じように援助します。それは、子どもが安心して生活を送り、生活行為に参加する場面を細やかに見極める丁寧な援助であり、同時に子どもと保育士の協働による生活を成立させるものでもあります。

目的に向かって、小刻みな段階を追いながら、ゴールに徐々に接近していくことをスモールステップと呼びます。育児担当制では、一人ひとりの子どもの食事や着脱などの行為を細かな動作の流れとして捉えて援助を行います。特定の保育士が特定の子どもに関わるため、子どもの状態や発達課題をより具体的かつ詳細に把握することが可能です。つまり、一人の子どもに対する課題設定も、より細やかなものとなっていきます。こうした細やかな課題設定と、細かな

4章 育児担当制の実際

動作の流れに沿った援助が、育児担当制における丁寧な援助として機能するのです。

　子どもにできることは子どもが行い、子どもにできないことを保育士が手助けする、ということは、子ども自身が行為の主体として存在することです。子どもがどんなに幼くても、そして保育士の援助がどれだけ多くても、行為の主体は子どもです。着替えなどの行為を細かい動作の流れとして捉えることは、子どもにできることを細かく捉えて、認めることです。保育士の援助は一方的に関与することではなく、子どもとの協働によって進められます。

　食事、着脱、排泄などの生活行為は、子どもの身体機能や認知発達に伴って、少しずつ自分でできることが増えていきます。子どもにできることは子どもに任せ、できないところを手助けし、行為そのものを徐々に子どもへと渡していきます。それぞれの子どもの発達課題を把握し、状態に応じてどのような援助が必要かを常に見定めたり見直したりすることが大切です。保育士の援助が少なくなってきたら、徐々に１対１から１対２というように、援助する子どもの人数を複数にしていきます。

食事場面での援助

　食事をはじめるまでには、テーブルの清拭や消毒を済ませ、エプロンやおしぼりなど食事に必要な物を用意します。配膳は、可能であれば子どもが食事をはじめる直前もしくは子どもがテーブルについたらすぐに行います。

　食事は、着席からはじまります。エプロンを装着し、手と顔を拭き、「いただきます」の挨拶で食事をはじめます。食事の主体は子どもです。子どもが行う食事に必要な行為を保育士は援助します。行為は「手を拭く」「食べる」「飲む」というように単なる一つの行為として捉えてしまうと、援助は「行う」か「行わないか」の選択肢となり、援助そのものが雑になってしまいます。たとえば「手を拭く」であれば、タオルを見る、手を広げる、タオルに手を置く、手を裏返す、指と指の間を広げる、というように行為を細かく区切り、どのような行為が続いていくのか、という小さな行為の連続として捉える必要があります（スモールステップ）。そのなかで子どもが自分でできることと、どのような援助が必要であるかを把握することが大切です。

●着席

　子どもが自分でいすに座れない場合は、大人が子どもを膝の上に抱いて座ります。この時、子どもの体がテーブルの正面に位置し、両手がテーブルに届くように、保育士の体はテーブルに対して斜めの位置となります（左下イラスト）。

　子どもが自分でいすに座れる場合は、子ども

子どもがまだ自分でいすに座れない場合は、保育士が膝に抱いていすに座る

子どもが自分でいすに座れる場合は、姿勢が安定するよう補助のための台などを使う

が自分でいすに着席します。保育士は、子どもが着席したら、床に足の裏が着地しているか、いすの背面と子どもの体の位置を確認し、必要であれば足元に台を置いたり、いすの背面に箱を置いたりして調整を行います（前頁右下イラスト）。姿勢が安定すると、子どもは腕を動かしやすくなります。食事の際の姿勢は、子どもが自分で行う動作を支えるものです。

● **エプロン装着**

次に、子どもはエプロンを装着します。エプロンは、子どもの正面に持ってきて、子ども自身がこれからエプロンを装着することが見てわかるようにします。今、何をしているのか、子ども自身が理解することは、子どもが行為の主体として存在する上で非常に重要です。子どもが保育士の膝に抱かれている状態であっても、自分で頭を傾けるなど、子どもが行為に参加できるところがあります。子どもがとる姿勢に合わせて、エプロンの装着を手伝います。子どもが自分である程度までエプロンを装着できる場合は、子どもの動作を見守り、子どもができないところを手助けします。

保育士の役割は、子どもができないところを助けることです。それぞれの子どもに応じて、できるところと手助けが必要なところを把握し、援助を行います。

● **手拭き**

テーブルに用意しておいた手拭きタオルは、子どもの正面で広げます。タオルを見た子どもが手を出してから、手拭きをはじめます。食事の前後の手拭きは、手洗いの習慣につながるものです。

子どもがタオルの上に手を置いたら、手のひら、甲、指の間、の順で拭いていきます。保育士が手助けをする時は、行為の前に何をするかを言葉で伝えます。言葉と行為を一致させることは、子どもの意識を行為に向けるとともに、言葉の理解にもつながります。手のひらを反したり指を広げたりすることは、子どもができる

子どもが自分で手拭きの上に手を置く

子どもが上半身を少し傾けて口に食べ物を迎えるようにする

スプーンは子どもの正面から口に垂直に入るようにする

子どもが上唇を閉じて、食べ物を拭い取るようにする

4章 育児担当制の実際

ことです。保育士は、子どもの動作のテンポに合わせて援助を行います。

手拭きが終わったら、子どもの前でタオルの手を拭いた面を裏返してから畳みます。畳んだタオルはその後に使えるよう、子どもの手元に置いておきます。

●食事

保育士と一緒に「いただきます」の挨拶をして、食事をはじめます。離乳食のころなど、子どもが自分でスプーンを持つことができない時期であっても、行為の主体は子どもであることに変わりはありません。保育士は、子どもが指さすものに言葉を添えて応えることはもちろんのこと、子どもが見ている視線の先を捉えて、その興味・関心を把握し、それに応じていくことが大切です。子どもがスプーンなどを自分でまだ扱えない場合、大人のペースと意向で食事を進めてしまうことになりがちです。子どもの関心を把握し、それに言葉を添えて応え、子どもの摂食ペースに合わせて援助を行いましょう。保育士がスプーンを子どもの口もとに運んで食事を進める時期でも、子どもは自分で上体を少し前に傾けて、自分の口でスプーンを迎えます。それは、その時期の子どもにできる能動的な行動です。無理に何かをさせたり、まだできないことを子どもに任せたりする必要はありませんが、「食べる」という一連の行為のなかで子どもにできることを、しっかりと見極めることが保育士には求められます。

子どもが自分でスプーンを持ちたがるようになれば、子ども用のスプーンを渡します。しかし、スプーンを持ちたがることと、スプーンを使って食事が可能になることは同じではありません。子どもの最初のスプーンの持ち方は手掌回内握り（上握り）です（図4-4）。この握り方のこ

図4-4 手の機能の発達

	特徴	スプーン	箸	鉛筆
手掌回内握り 手掌回外握り （1～1.5歳）	すべての指でしっかり握りしめて持つ。	手掌回内握り	手掌回内握り	手掌回外握り
手指回内握り （2～3歳）	親指や人差し指が伸びた状態で持ち、小指や薬指で握り支えるようになる。			
静的三指握り （3.5～4歳）	親指、人差し指、中指をぎこちなく近づけて持つ。			
動的三指握り （4.5歳～6歳）	親指、人差し指、中指で正確に持ち、指先だけの屈伸の動きがある、小指と薬指は曲がり、安定する。			

出典：鴨下賢一編著、立石加奈子、中島そのみ『苦手が「できる」にかわる！発達が気になる子への生活動作の教え方』中央法規出版,pp.17-18より作成,2013.

ろは、肩とひじを使ってスプーンを動かすので、細かな動きが困難です。したがって、保育士の援助が必要です。保育士は、子どもの興味や要求に応じて、一口量を子どもの目の前ですくって見せてから、子どもが体を前に傾けて食べ物を迎えにくるペースに合わせ、スプーンを子どもの口に運びます。そして、子どもの咀嚼・嚥下が完了してから、次の一口をはじめます。その間、子どもの興味・関心に合わせて会話をしたり、子どもが見るものを保育士も目で追ったりしてコミュニケーションを図りながら、食事を進めます。

スプーン以外のお椀やコップなどを子どもが手に取りたがる時には、子どもの意欲を尊重しつつも、子どもが両手でお椀などを持てるように手を添えたり、お椀やコップの傾きを調整したりするなど、適宜、必要な援助を行います。

スプーンは、子ども用の物と大人が使う介助用の物を用意します。保育士は介助用スプーンで、子どものお皿から食べ物をすくい取って子どもの口へ運んだり、子どもの口から食べ物が溢れそうな時に、すくい取ったりします。

子どもがスプーンではなく、自分の手で直接食べ物をつかんで食べたがることもあります。食事に対して意欲的であることは十分に尊重しつつも、だからといって、すべてを任せてしまうべきではありません。子どもが獲得する基本的生活習慣のなかでも、「食べる」という行為には、道具の使用が不可欠です。子どもが自分で食事ができるようになるということは、食べ物すべてを手づかみで上手に食べることではありません。パンやスティック野菜など、食べ物を自分の手で持って食べるものと、スプーンなどの道具を使って食べるものは明確に区別します。

パンなど直接手を使って食べる物は、手で食べ物を口に持っていくことからはじめます。一口で食べられる大きさの物を皿に用意し、子どもが自分で食べられるようにします。次に、子どもが食べ物の一口量を判断し、自分の歯で適量を噛み切ることができるような大きさの物を用意します。保育士は、子どもが適量を判断しているか、よく観察し、必要であれば子どもに一口量を知らせます。子どもが自分で食事ができるようになるためには、一口量を子ども自身が理解することが必要です。大人に「食べさせてもらう」状態であっても、子どもはこの段階で一口量を「学習」しています。それを念頭に置いて、食事の援助を行いましょう。

食事が進むうちに、スプーンや食べ物などで遊びはじめるのは、状態に飽きてしまったり、興味・関心が他に移ってしまったりする時に起こりやすいものです。そういう状態の時は保育士が介助用スプーンを使って食べることを手伝い、食事を終えましょう。

子どもの成長と共に、食事場面でも自分でできることが多くなると、保育士の直接的な援助は減少します。そうした年月齢の子どもの意欲を尊重することと、まだできないことを含めすべてを子どもに任せることは違います。子どもが一人ではできないところには、保育士の援助が必要です。子どもは意欲だけで行為を獲得するわけではありません。また、子どもが自分でできることは、子どもに任せることが基本ですが、そこには「見守る」という保育士からの間接的援助も必要です。基本的生活習慣を獲得するプロセスの終盤には、子どもに対する援助の要・不要を見極める保育士の判断と、見守りによる援助が大切です。

コップを傾けるのに少し手助けが必要と判断し、手を伸ばしている

自分で着脱しようと、子どもが頭を少し傾げている

● 食後

　食事を終えたら、保育士と一緒に「ごちそうさま」の挨拶をし、手拭きタオルで子どもの口の周りを拭います。まず、「これから口の周りを拭く」ことがわかるように子どもの正面で手拭きタオルを広げます。一呼吸置いて、子どもが口をつぐむなど「構え」ができたことを確認し、言葉と動作を一致させながら、ゆっくり口の周りを拭います。

　次に、子どもの目の前で「これから手を拭く」ことがわかるように、手拭きタオルを裏に向けます。手拭きの手順は、食事前と同様です。両手を拭いたら子どもの目の前で手拭きタオルを畳みます。エプロンを装着している場合は、「エプロンを外そうね」と語りかけてから、子どもが頭を傾げたり、エプロンのひもを緩めたりするなど、子どものできることは子どもが行い、できないところを保育士が手助けします。席を離れる時は、いすをテーブルの下に戻して、食事が終了します。

着脱の援助

　着脱は、子どもの身体操作によって成立します。6か月未満児では、保育士が手を貸すことがほとんどですが、そのなかでも子ども自身ができる動作を見極めることが大切です。保育士が直接的に援助する場面では、言葉と行為を一致させて何をするのかを伝えるとともに、子どもが行為を意識し、見通しをもてるようにします。着脱でも、行為はいつも同じ手順で行います。子どもが安心し、現在の行為に見通しをもてるように援助することが大切です。年月齢によっては、子どもが自分ではできないことが多く、そのほとんどを保育士が手助けしますが、そうしたなかでも、たとえば上着なら「子どもが自分で腕を伸ばす」、ズボンなら「子どもが自分で穴に足を通す」、など、子ども自身で行えることが必ずあります。保育士が大半を手伝うとしても、このように子ども自身でできることを見逃さないことが大切です。また、衣類は柔らかい素材の物や丈の短い物が、より扱いやすいので、子どもの状態を見て、少しずつ難しいことに挑戦できるようにします。

● 首が据わる前の子ども

　3か月未満児の着衣は、上下一体のカバーオールと呼ばれるタイプの物が一般的です。着脱は、特定の保育士がいつも同じ場所で行います。子どもを寝かせる位置に、着替え用のタオルを敷いておき、その上で着替えを行います。

　子どもを抱いて、着替え場所に向かう時は、あらかじめそれを子どもに伝え、子どもの正面を進行方向に向けます。今から向かう場所が見えるようにして、今現在の行動を言葉と共に子どもに伝えます。子どもを寝かせる時は、お尻から着地するようにし、あお向けになる前のサ

子どものひじに軽く手を添えて、子ども自身が腕を動かすことを助ける

子どもが衣服の裾を持って、頭にかぶる。衣服が回転しないよう、保育士は手助けする

保育士が衣服の裾を調整し、子どもが次の動作をとりやすいようにする

子どもが袖を通した時、衣服が一緒に上がり過ぎないよう、裾を持って手助けする

子どもが裾を両手で持てるよう、衣服の位置を整える

インを送ります。頭や背中から寝かせることは、子どもにとって突然の行為となり、驚かせてしまいかねません。

タオルの上に寝かせて、衣服のボタンをはずします。袖から腕を抜くときは、保育士が子どものひじを軽く持ち、袖口からも手をそえて脱がせます。新たに服を着せる時は、片方の腕に袖を通します。袖は手を通しやすいように短くしておき、保育士が袖口から子どもの手を迎えます。保育士は子どもの手を軽く持ち、もう一方の手で子どもがひじを伸ばす際に手をそえます（前頁下イラスト）。袖に腕を通したら、子どもの背中側から服をくぐらせて反対側に出し、もう一方の腕を袖に通します。両腕を袖に通したらボタンをはめて終了です。

●上着（ボタンやファスナーのないもの）

ボタンのないシャツやトレーナーを着るときには、まず、これから着る服を子どもに見せ、一緒に前後を確認します。子どもと一緒に両手で衣服の裾を持ち、頭にかぶります。子どもは頭を傾けて自分で頭を通そうとする時には、保育士は衣服が回転しないように位置を調整するなどして子ども自身ではできないところを手伝います。頭が出たら、次は袖に腕を通します。この時は、それぞれの子どもの利き腕から着るようにします。保育士は、子どもが手をどこに動かすのかわかりやすいように袖の先を持ちます。袖に手を持っていくのがまだ難しい子どもには、保育士の手を子どもの手にそえて袖の入り口まで導きます。両手を通したら、子どもは両手で衣服の裾を持ち、下方に引っ張ります。子どもだけでは難しい場合は、保育士が両手を子どもの両手にそえて、一緒に引っ張ります。最後に背面もきれいに下りているかを確認します。子どもだけではできない時には、保育士が両手をそえて一緒に確認します。

ボタンのない上着を脱ぐ時は、利き腕でないほうの腕から脱ぎます。利き手で脱ぐ方の袖を引っ張り、ひじを抜きます。子どもだけでは難

しい場合は、大人が両手をそえて手伝います。はじめはシャツの胴体部分を上げて、子ども動作をとりやすいようにするとスムーズにひじを抜くことができます。片方の腕がシャツから抜けたら、反対側の腕を抜きやすいよう、少しシャツをずらしましょう。残った方の腕は、最初と同様にもう片方の手でシャツの袖を引っ張りながらひじを抜きます。最後に子どもの両手でシャツの首周りを持ち、上に引っ張り上げて頭から脱ぎます。

脱いだ上着は子どもの正面で裏返して表に向け、子どもに見えるように畳みます。

● **上着（ボタンやファスナーのあるもの）**

ボタンやファスナーのある上着を着る時には、まず、上着の正面を子どもに向けて見せ、利き手から腕を通します。最初は保育士が子どもの腕に手をそえて、手を通す袖を確認し、子どもがひじを伸ばして袖に腕を通します。この時、腕を肩から上に上げるようにすると、袖から腕が抜けず、また上着の肩と子どもの肩の位置が合いやすくなります（左下イラスト）。もう一方の手を袖に通す時には、ひじを曲げて袖の入り口に手を持っていきます。最初のうちは、保育士が手をそえて袖の入り口まで子どもの手を持っていき、子どもが位置を体感的に捉えられるようにします。子どもがひじを伸ばして袖に腕を通す時には、子どものもう片方の手で腕を通しているほうの上着を持って、引き寄せるようにします（右下イラスト）。子どもだけで難しい時は、保育士の手をそえます。また、保育士は、通している方の袖を持ち上げて子どもの腕が通りやすくなるよう手助けします。

ボタンやファスナーは、子どもの手先の巧緻性の発達を見極めながら、子どもに任せたり、大人が手伝ったりします。スナップボタンは、左右を重ね、上下から力を入れて留めます。ボタンが大きいとはめる時に力が必要です。ボタンホールにくぐらせるボタンは、左右の動作が異なるため、スナップボタンよりも少々複雑です。ファスナーは、最初の金具をきちんと留めないと次の動作ができません。また、金具が留まっても、片手で裾を固定し、もう一方の手でファスナーをまっすぐに操作しないと上がりません。着脱操作一つをとっても、子ども自身の粗大運動・微細運動など運動面の発達や身体像の獲得など認知の発達によって成立するものであることがわかります。着脱は単なる生活行為として扱うものではなく、子どもの発達によってこそ成立するものです。3歳未満児の生活行為は、発達の姿そのものであり、それを支えることは教育的援助に他なりません。

ボタンやファスナーのある上着を脱ぐ時は、ボタンなどを外してから、利き手側から腕を抜

子どもの腕が肩から上に上がるようにすると、肩の位置を合わせやすい

子どもの腕を袖に通しやすいよう、袖を持ち上げる

形がわかるように見せる

利き足からズボンに足を通す

膝あたりまで通したら、反対の足を入れる

両足が膝まで通ったことを子どもが確認する

腰掛け台を使うと、スムーズに立ち上がる

上着の裾を整える

きます。利き手を伸ばして反対側の手で袖の先を引き、袖から抜けたらひじを曲げて腕全体を抜きます。最初のころや子どもだけで難しい場合は、保育士が手をそえてひじを抜くのを手助けします。次に、利き手で反対側の袖の先を持ち、袖を引きながら腕を抜きます。

● **ズボン**

　ズボンを履く時は、子どもは床に座るか台に腰かけた状態で行います。子どもに形がはっきりわかるよう正面にズボンを広げて見せます。子どもがズボンの腰部分の両端を持ち、利き足側からズボンの穴に足を通します。膝あたりまでズボンが通ったら、反対側の足を入れます。両足ともに膝あたりまでズボンが通ったら、立ち上がって両手でズボンを引き上げます。床に腰を下ろしていると、立ち上がる際に動作が難しくなりがちです。この時、腰を掛けていた台から立ち上がるようにしておくと、動作がスムーズに進みます。お尻のあたりでは、両手を少し後ろに回し、ズボンを腰まで上げます。下着などは、おなか側と背中側からズボンに入れます。

　ズボンを脱ぐ時は、腰の両側でズボンを持ち、少しずつ前方にかがみながら、ズボンを下ろしていきます。膝のあたりまで下ろしたら、一旦台に腰かけたり床に座ったりして、利き足から脱いでいきます。膝を抜きながらズボンを下ろすという別の動作を同時に行うのは難しいため、大人の手助けが必要です。この時、急いで足を抜くと、ズボンの表裏がひっくり返ります。足首をズボンの裾から抜き、ズボンは足に沿わせるようにして脱ぎます。片足が脱げたら、両手でズボンを持って、もう一方の足も脱いでいきます。

4章　育児担当制の実際

このような一連の動作を毎回同じように繰り返して経験することによって、子どもは「ズボンを脱ぐときの動作」つまり衣服と体を同時に操作することを学びます。それは着脱動作の学習であり、基本的生活習慣の一つを身に付ける大切なプロセスです。

　脱いだズボンは、子どもの正面で広げてから、ゆっくり畳みます。現在は保育士がズボンを畳んでいるとしても、近い将来には、子ども自身が畳むようになります。自分では操作ができない時期には、保育士の行為を見てその方法を学んでいます。

排泄の援助

　排泄は、体のリズムの一部ともいえ、一人ひとりの子どもはそれぞれの身体リズムをもっています。排泄の援助は、まず子どもの身体リズムから、それぞれの子どもの排泄リズムを把握することからはじまります。一人ひとりの子どものタイミングに応じて、援助を行う必要があります。

●おむつ交換

　おむつ交換に向かう時は、まず、子どもに声をかけて、これから何をするのかを子どもが理解し、その行動に意識が向かうようにします。子どもと保育士は一緒におむつ交換台に向かいます。子どもを抱き上げて移動する際には、子どもの正面が進行方向となるようにします。お

何をするかを子どもに伝え、子どもの意識を行為に向ける

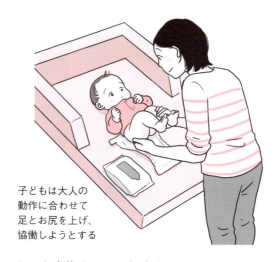
子どもは大人の動作に合わせて足とお尻を上げ、協働しようとする

むつを交換するのは保育士ですが、おむつ交換という衛生的活動の主体は、どんなに幼くても子ども自身です。歩行ができる子どもも同様に、保育士が一方的に連れていくのではなく、一緒におむつ交換に向かうようにします。また、保育士はおむつ交換の一連の行為の前には必ず何をするかを子どもに伝え、子どもの意識が行為に向かうようにするとともに、いつも同じ手順でおむつ交換を行います。

　おむつ交換台近くには、消毒剤など必要な道具を保育士が使いやすいような位置に置いておきます。道具の配置には、子どもの手が届かないよう十分な配慮が必要です。おむつ交換台には、おむつ交換用の個人タオルを敷いておきます。

　おむつ交換台を見た子どもに、これからおむつ交換をすることを伝え、子どもの意識を行為に向けてから、子どもをおむつ交換台にあお向けに寝かせます。この時、背中や頭からではなく、腰から着地するようにして寝かせます。

　ズボンを脱がせ、現在つけているおむつを開きます。保育士は子どものお尻に手を添えておむつを外します。この手順を子どもが知っていると、少し腰を上げる動作をとり、保育士と協働することができます。

　おむつを外したら、お尻と局部を濡らしたコットンなどで拭きます。女児なら前から後ろ、男児なら後ろから前に向かって拭います。そして、子どものお尻に保育士の手をそえてお尻を少し上げ、新しいおむつを装着します。便の場合は、

保育士が手を広げ、親指を子どもの手に近づけることが、次の動作のサインになる

おむつを外す前に、少しおむつをずらして子どものお尻に付着した便を除去します。そしてもう一度、きれいにお尻を拭いてから新しいおむつを装着します。便を除去してから、沐浴槽などでお尻をお湯で流し、新しいおむつを装着する場合もあります。新しいおむつを装着する時にも、子どもがお尻を上げたり、足を広げたりと子ども自身ができる行為をとることで、大人と協働できます。ズボンを履いたらおむつ交換は完了です。

保育士は子どもに何をするか伝えてから、汚れたおむつを片付け、手を洗います。わずかの間、子どもと離れてしまわざるを得ませんが、いつも同じ保育士がいつも同じ手順でおむつ交換を行っていると、子どもはおむつ交換が終わって保育室内に戻ることを予見でき、安心して過ごすことができます。慣れない間は、先に子どもを保育室に連れていき、後で片付けをするのも一つの方法です。

おむつ交換台から子どもを起こし、抱き上げます。子どもの首が据わっていない場合は、首をしっかり支えて起こします。

表4-1 年齢別 膀胱の容量と排尿回数

年齢	膀胱の容量(ml)	1日の排尿回数
0～1	40～50	0歳 20～15 1歳 15～10
2～3	50～100	9～7
4～5	100～150	6～5

出典：末松たか子『おむつのとれる子、とれない子 排泄のしくみとおしっこトレーニング』大月書店, pp.15-16, 1994.

首がしっかり据わり、お座りができるようになっていたら、起こす時には子どもの力を使えるようにします。差し出した保育士の両手の親指を、子どもがそれぞれの手で握り、保育士は子どもの拳を軽く握ります。その状態で上半身を起こし、座位になります。子どもは腹筋や背筋を使って起き上がります。保育士は子どもとアイコンタクトをとり、起きる時の合図を送り、子どもが自分の力を発揮できるようにします。

おむつ交換は、保育士だけの動作で完成するものではなく、子どもとの協働によって行われるものです。

● 排泄のメカニズムと自立へのプロセス

排尿は、膀胱内に一定の量が溜まることから始まります。それを察知した膀胱が発する「サイン」が神経を通って大脳皮質に伝わったものが、「尿意の知覚」となります。新生児のころは、脊髄がこのサインを受理して「放尿」の指令を出すため、この頃の排尿は反射行動です。脳神経系の発達に伴い、大脳皮質で「尿意の知覚」ができるようになるのは、1歳ごろです。排泄の自立のためには、この「尿意の知覚」が不可欠です。これ以前にトイレに誘導するのは時期尚早といえます。

排便も同様に、直腸に便が溜まることで、腸から「排便」の指令が出ます。その指令が大脳皮質に届き、それを知覚できるのは1歳ごろです。

排泄の自立に向け、いわゆる「トイレトレーニング」は、早くからはじめればよいというものではありません。排尿は、開始の時期が遅いほどトレーニング期間が短いという結果が出ており、その開始に最適な時期は、1歳半ごろといわれています。

1歳を超えて、尿意の知覚が可能になり、体のリズムも安定しはじめます。膀胱も大きくなり、ある程度の尿を溜めておくことができるようなります。排尿の間隔を測り、2時間程度の間隔になったら、トイレやおまるに誘いはじめましょう。尿意を知覚的に感知できるようにな

4章 育児担当制の実際

るので、子ども自身がもぞもぞしたり、パンツをいじったりするなど、子どもなりのサインも現れるようになります。

排便の場合は、子どもが動きを止め、腹圧をかけていきむという動作がサインとなります。これは排尿よりもわかりやすいものです。子どもにとっても排便は意識化しやすいものなので、排尿よりも排便のトレーニングを先にはじめることが推奨されています。子どもが排便を知覚できる1歳ごろから、保育士の声かけによって子ども自身が「排便」を意識できるようにし、2歳ごろにはトイレやおまるに誘いましょう。

トイレに誘っても、いつも排泄が成功するとは限りません。成功した時には、排尿することの爽快感である「放尿感」「排便感」、実際に出たものを目で見て確認すること、そして「出たね」という保育士からの言葉がけが、自分の行為と言葉を結び付けて排泄行為を理解することにつながります。

排泄の援助は、子どもの発達の見極めからはじまります。個々の子どもの体のリズム、つまり排泄の間隔を把握し、サインを読み取り、トイレに誘って成功した時に得る子どもの体感を根気よく積み重ねていくことが大切です。

実際の生活のなかでは、排泄と着脱そして手洗いまでが一つの流れとなります。保育士は子どもをトイレに誘ってから、この一連の流れのなかで子どもと一緒に行動し、必要な援助を行います。

トイレを使いはじめるころの子どもに対しては、着脱時にも援助が必要です。便座に座る時の体の位置や姿勢を整えることや、トイレットペーパーを取り出す際の適切な長さを示し、切り離し方、畳み方を含めた扱い方も、保育士が言葉と行為を一致させながら、毎回同じことを繰り返し、子どもの理解を促します。排泄後には局部をトイレットペーパーで拭うこと、トイレットペーパーを便器に入れて流すことを、子どもは毎回の繰り返しを通して学習します。

排泄後は脱いだ服を着て、手を洗い、洗った手を拭くまでが一連の行動です。単に排泄する

だけではなく、子ども自身の衛生習慣を獲得するための行動でもあります。また、トイレの使用に慣れてくると、便器の前で下着を下げて、排泄できるようになります。その際には、下着を下げる位置や姿勢など、子どもが理解できるような援助が必要です。

排泄の自立に向かうプロセスでは、トイレで排泄することだけではなく、同時に衛生習慣も獲得します。それぞれの子どもの発達を見極め、子どもが進むプロセスを把握し、適切な援助を行うことが、子どもの基本的生活習慣の獲得を支えます。

大人の動作の合理性と、子どもの動線に配慮する

排泄から、着脱、手洗いまで一連の流れに配慮して環境を整える

引用文献

鴨下賢一編著、立石加奈子、中島そのみ『苦手が「できる」にかわる！発達が気になる子への生活動作の教え方』中央法規出版, pp.17-18, 2013.
末松たか子『おむつのとれる子、とれない子　排泄のしくみとおしっこトレーニング』大月書店, pp.15-16, 1994.

第5章

育児担当制と
3歳未満児の教育

育児担当制の基本には、
子ども自身が有する「育つ力」への信頼があります。
本章では、3歳未満児の教育的側面から育児担当制を捉えます。

1 教育的援助としての育児担当制

「教育」の定義に沿って3歳未満児の保育を見た時、育児担当制は単なる生活援助の手法ではなく、教育の方法ということができます。

3歳未満児の教育とは

ここまで見てきたように、育児担当制は、一人ひとりの子どもに対して、その発達を支えるための丁寧で確実な援助の手法です。「子どもが健やかに成長し、その活動がより豊かに展開されるための発達の援助」を教育と定義する保育所保育指針に倣うと、育児担当制による援助は教育的な援助であるといえます。教育的な援助とは、何かを教え込んだり、口頭での指示に従えるようにしたりすることではありません。一人ひとりの子どもがそれぞれの発達のプロセスを進んでいくことを支え、子どもが新たな機能を獲得し、それを使ってまた新たな機能を獲得するプロセスを支えることです。3歳未満児では、個別性の高い、つまり一人ひとりに応じた援助が求められます。

● 基本的生活習慣の獲得とは

食事、排泄、着脱などの基本的生活習慣は、おおむね3歳である程度ひと通りのことができるようになります。生活習慣は、単なる繰り返しによって自然に獲得するものではありません。一人で食事ができるようになるには、姿勢の安定や両手の協応、手指操作、食べ物と自分の口までの距離感を測る空間感覚、一口量の把握など、運動面と認知面の発達が不可欠です。着脱も同様です。子どもが衣服を扱いながら身体操作を行うには、安定した姿勢を保ち体の各部位を適切に操作するとともに、平衡感覚や空間感覚が必要です。子どもの発達課題となる身体の育ち、認知面の育ちは、子どもの主体的な遊びを通して得る直接的経験によって獲得されていきます。

0歳児、1歳児の日常生活動作では、子どもが自分ではできないことが多くあり、保育士の援助が必要です。育児担当制では、一人ひとりの子どもが「できること」と「できないこと」を見極め、子どもが一人ではできないところを援助します。「できないこと」が多くても、行為の主体は子どもです。「できないこと」が「できるように」なるためには、発達のプロセスにおいて新しい機能の獲得が必要となります。

一人ひとりの子どもの発達課題を細やかに把握し、保育士は、その育ちに必要な道具であるおもちゃを適切に用意し、環境を整えます。生活行為の主体が子どもであるのと同様に、遊び

子どもの様子と課題を細やかに把握し、基本的生活習慣の獲得を支える

の主体も子どもであることはいうまでもありません。子どもが基本的生活習慣を獲得していくプロセスは、身体、認知、自我の確立などの領域が複合的に作用しながら進む発達のプロセスそのものです。つまり、3歳未満児においては、生活行為にも「発達援助」が存在しており、子どもの生活援助もまた教育といえます。育児担当制による援助は、個別に行うことが基本です。複数の子どもを対象として同時に行うものではありません。個別の細やかな援助によって、子どもの発達プロセスを支える、それは3歳未満児の教育の形態といえるでしょう。

特定の保育士が存在することの意義

育児担当制では、一人の子どもの生活に特定の保育士が関わり、子どもと特定の保育士との間に生まれる絆を基盤として保育を行います。特定の保育士と子どもの間に結ばれる愛着は、子どもの情緒の安定に欠かせないものであり、すべての基盤といっても過言ではありません。

たとえば子どもの言語は、初語を発する1歳ごろ以前の前言語期と呼ばれる時期から、大人とのコミュニケーションを通して、その獲得がはじまっています。コミュニケーションは子どもが安心し、信頼できる大人との間に成立することからはじまるものなので、子どもにとって愛着の対象となる大人の存在は不可欠です。

子どもにとって不快や不安、恐れといったネガティブな感情を受け止め、安心へと調整できるのは、特定の大人です。不安になったり、気持ちが崩れたりしたときに、不特定の大人によるフレキシブルな対応や臨機応変な対応で、子どもが安心を得られるでしょうか。保育を行う上で、最も尊重するべきは、子どもです。特定の大人が、子どもと情緒的な絆をしっかりと結ぶことは、子どもを尊重することと同義といえます。

特定の保育士との間に結ぶ情緒的絆が、子どもの育ちの基盤となる

保育所保育指針には、3歳未満児の保育の基本として、保育士の受容的かつ応答的な援助が示されています。応答的対応という文言に明確な定義は示されていませんが、単に子どもからの発信に応えるだけではなく、発信の有無にかかわらず、子どもの状態をしっかり把握し、理解した上での対応であることと捉えることが重要です。

子どもに関わる大人の基本的な姿勢として、竹田ら（1994）が提唱するSOULがあります。SOULとはSilence（子どもが場面に慣れ、行動がはじめられるまで静かに見守る）、Observation（何を考え、行動しているか、また子どもの発達の状態についてその状態を観察する）、Understanding（観察から子どもの状態を理解し、必要な援助を考える）、Listening（子どものことばやそれ以外のサインに耳を傾ける）、それぞれの頭文字を並べたものです。応答的対応とは、正にこのような子ども理解を踏まえて、言葉以外の子どものサインを読み取りつつ行われるものといえます。たとえ表面的には子どもが援助を求めていない場合でも、援助が必要となる場面は必ずあります。援助が必要な場面かどうかを見極めることも大切です。

質の高い保育とは、保育環境の質と援助の質、両方が必要です。育児担当制による個別の子ども理解と援助は、保育士による応答の確からしさを高めるものといえるでしょう。

2 3歳未満児の生活と遊びと育ち
～連続性を捉える視点～

育児担当制では、子どもの生活と遊びの循環を重視します。遊びの中で経験する内容を総合的に捉え、発達の連続性を支えます。

生活と遊びを支える

　特定の保育士が子どもの安全基地として機能することで、子どもは安心して遊びに没頭します。子どもは遊びを通して得る直接的な経験を重ねて、発達のプロセスを進みます。

　育児担当制では、保育士が子どもの生活を細やかに援助するなかで、一人ひとりの発達課題を具体的に把握します。発達課題は、子どもの遊びのなかの経験によって達成されるものです。したがって、保育士は子どもがどのように遊ぶかを考慮して、遊びの環境を構成します。たとえば、着脱の際「片足を上げて姿勢を保って足をズボンの穴に通す」という動作の困難から運動面（身体操作）の課題を把握した場合、遊びのなかで子どもが足を使う動作を経験できるような道具を環境のなかに位置付けるなどです。

　育児担当制では、特定の保育士が定常的に子どもの生活援助を行うため、一人ひとりの子どもの発達課題をより的確に把握することが可能です。遊びと生活を別のものとして捉えるのではなく、遊びで得た経験と子どもの生活行為を関連付けて捉え、環境構成に反映させることで、生活と遊びを結び、循環をつくります。その循環を支えるのが保育士の役割です。その循環とは、生活と遊びの連続性ということもできます。育児担当制は、生活と遊びの連続性を支えるものです。

遊びと5領域の捉え方

　2017年改定の保育所保育指針では「第2章 保育の内容」「2　1歳以上3歳未満児の保育に関わるねらい及び内容」に5領域（健康、人間関係、環境、言葉、表現）が位置付けられました。子どもの遊びを5領域から捉えることが求められます。5領域から遊びを捉えるとは、一つの遊びを一つの領域の項目だけと結び付けることを示すものではありません。子どもの遊びのなかには、複数の領域の複数の項目が複合的に存在します。

　たとえば、「1歳児が乳母車に見立てた押し箱に人形を入れ、運んで遊ぶ」場合のことを考えてみましょう（表5-1）。

押し箱を乳母車に見立てて遊ぶ

表5-1 1つの遊びを複数の領域から捉える

遊び	子どもの姿	5領域	内容
1歳児が乳母車に見立てた押し箱に人形を入れ、運んで遊ぶ	保育士との間に情緒的絆を結んでいることによる安心感がある	ア健康	（イ）内容 ①保育士等の愛情豊かな受容の下で安定感をもって生活をする
		イ人間関係	（イ）内容 ②保育士等の受容的・応答的な関わりの中で、欲求を適切に満たし、安定感をもって過ごす
	「押し箱を押す」「押し箱を止め、体をかがめて人形を抱き上げる」などの運動行為がある	ア健康	（イ）内容 ③走る、跳ぶ、登る、押す、引っ張るなど全身を使う遊びを楽しむ
		ウ環境	（イ）内容 ②玩具、絵本、遊具などに興味をもち、それらを使った遊びを楽しむ

（保育所保育指針「第2章 保育の内容」「2 1歳以上3歳未満児の保育に関わるねらい及び内容」より）

　このように、子どもの遊びのなかには、5領域のなかの複数の領域にわたる様々な内容が複合的に存在します。遊びによって、また子どもの楽しみ方によって、内容の組み合わせは異なるものになります。保育士は、遊びのなかに含まれる5領域の各要素を勘案しながら、子どもの発達課題に適した遊び道具を用意して、環境を構成します。その際に、各領域の内容に偏りが生じないよう、保育計画を作成するなかで確認を行います。子どもとの関わりのなかで見出した課題については、5領域の内容を踏まえて捉えることで、子どもの経験がより望ましいものとなります。それによって保育内容はより豊かなものとなります。

写真1　1歳中盤以降の遊びでは、置く、並べることを楽しむ

子どもの遊びと発達の展開

　3歳未満児が遊びを通して得た経験は、3歳以降の発達の基盤となります。さらに、3歳からの経験によって発達のプロセスを進み、幼児期の終わりへと育っていきます。3歳未満の時期は、幼児期の育ちの基盤となる時期です。長期的な見通しをもって、今現在の子どもの育ちを支えることが大切です。

写真2　1歳中盤以降の遊び。並べる、つなぐ

写真3　2歳児が「好きな色だけを集める」(弁別)

　たとえば、1歳半ばから後半にかけて、様々なおもちゃを置いたり並べたりすることを楽しむ時期があります（前頁写真1，2）。この時期の「並べて遊ぶ」なかには、特に法則性は見られません。「置く」、「並べる」ことが目的で、それを純粋に楽しむ遊び方です

　この遊びを経て、2歳頃には「同じ物を並べる」「同じ物を集める」遊びがはじまります。「自分の好きな色」だけを集めて並べたり、つないだりすることを楽しみます。ここで行われるのは、色や形を見分ける「弁別」です。自分の好きな色や形を基準にして、そうでない物と区別して物を扱います（写真3）。「弁別」は、「見て、捉えて、扱う」という視知覚を用いる知覚技能です。さらに、「弁別」という知覚技能は、数量を扱うためのレディネス（行動の習得に必要な条件が用意されている状態（山田ら,1974）の一つでもあります。2歳前後のこうした経験が、算数のレディネスへとつながっていきます。

　並べたもの、つないだものを床に置いて眺めたり、引っ張ってみたり、他の物に巻き付けてみたりすることも楽しみます（写真4，5）。これらは「長さ」を扱う遊びです。「長さ」を扱う遊びは「量」を扱う遊びでもあり、「数量の感覚」を伴う直接的経験です。これは、保育所保育指針「第2章　保育の内容」「2　1歳以上3歳未満児の保育に関わるねらい及び内容」「(2) ねらい及び内容」「ウ　環境」「(イ) 内容　③身の回りのものに触れる中で、形、色、大きさ、量などの物の性質や仕組みに気付く」に該当する内容です。そして、同じく保育所保育指針「第2章　保育の内容」「3　3歳以上児の保育に関するねらい及び内容」「(2) ねらい及び内容」「ウ　環境」「(イ) 内容　⑧身近な物や遊具に興味をもって関わり、自分なりに比べたり、関連付けたりしながら考えたり、試したりして工夫して遊ぶ」や「⑨日常生活の中で数量や図形などに関心をもつ」の基盤となるものでもあります。

　2歳頃に、「弁別」を楽しんだ経験は、3歳

写真4　2歳児。同じ色だけを集めてつないだものを「長さ」（量）で捉える

写真5　2歳児。つないだものをいすに巻き、足りないことに気付く（「長さ」を扱う遊び）

児以降の遊びへと発展します。2歳では、自分の好きな色だけを集めて楽しんだ経験（写真6）を経て、3歳では、色ごとに並べるなど「簡単なルール（法則）に則った物の操作」を楽しみます（写真7）。その経験を基盤として、5歳では「より複雑なルール（法則）に則った物の操作」で、より精巧なモザイク遊びを楽しみます（写真8）。

　子どもは幼児期の終わりに、突然複雑なモザイク遊びをはじめるわけではありません。5歳頃に複雑なモザイク遊びを楽しむためには、3歳での簡単な法則に則った物の扱いを経験している必要があります。さらに、3歳で「色分け」という簡単なルールに則って物を扱う遊びを楽しむのは、2歳で「弁別」を楽しんだ経験があるからです。2歳で弁別を楽しむ前には、1歳での「置く」遊びを経験しています。

　子どもの発達は、毎日の経験の積み重ねと共に進みます。幼児期に育ってほしい姿を考えることは、どのようなプロセスをたどって、その姿に至るのかを考えることです。そもそも、1歳で遊びに集中するためには、その時期の遊びに適した道具が身近にある環境が整っていることはもちろん、遊びに集中するための情緒の安定や、子どもの心のよりどころとなる「安全基地」への安心感をきちんと持てている必要があります。「安全基地」とは、愛着の対象であり、愛着は子どもが特定の大人との間に結ぶ情緒的絆です。

　幼児期の子どもの姿は、はっきりと目に見えるものとして現れます。その一方で、3歳未満児の子どもと特定の保育士の情緒的絆は、形として示されるものではありません。しかし、特定の保育士との情緒的絆が、子どもが「自分自身でいる」力を育て、子どもが自分で遊び、直接的経験を重ねるプロセスを支えます。育児担当制は、3歳未満児の子どもの内面を支えるものです。

写真6　2歳児。自分な好きな色だけを集める（弁別）

写真7　3歳児。簡単な法則性に基づいて物を扱う

写真8　5歳児。より複雑な法則性に基づいて物を扱う

5章　育児担当制と3歳未満児の教育

3 子どもの伸びる力を引き出す育児担当制

子どもの伸びる力を信頼し、尊重することは、育児担当制の基本です。内面の育ちを支え、社会情動的スキルの基盤を育みます。

育児担当制による3歳未満児の教育

●特定の保育士と子どもとの関係

特定の保育士による細やかな援助は、単なる「細かいお世話」ではなく、子どもの行為の獲得を支えるものであると同時に、保育士が一人ひとりの子どもをより深く理解し、その発達課題を的確に把握するものです。保育士が把握した子どもの発達課題は環境構成に反映され、子どもの発達課題に応じた経験を保障します。生活と遊びの連続性を支えるのが育児担当制です。

3歳未満児の保育は、「子どもの自我の育ち」に向き合うことが求められるものでもあります。1歳ごろ芽生えた自我は拡大期を迎え、やがて充実期へと向かいます。この自我の拡大期である1歳半ごろからは、子ども同士のトラブルが増加します。他児の持っている「あのおもちゃが欲しい」と、取り合いがはじまったり、「欲しい！」「ダメ！」と主張をぶつけ合ったりするトラブルが頻発する時期です。主張が通らない悔しさに涙したり、「どうしても自分でやる」ことにこだわりを爆発させたり、「こんなふうにやりたいのにできない！」というジレンマを抱いたりするなど、3歳未満児の保育では、子どもが心情を大きく揺らす場面での援助が求められるものです。

そうした場面にスムーズに対処する「魔法の言葉」は存在しません。子どもが必要とするのは、そうした心情を受け止め、落ち着かせてくれる、「安全基地」となる人の存在です。子どもの気持ちの立て直しは、複数の保育士がフレキシブルに対応すればよいというものではありません。誰に対しても聞き分けのよい3歳未満児も存在しません。心を揺らす子どもと正面から向き合えるのは、子どもにとっての「安全基地」である特定の保育士です。子どもが心情を受け止めてもらい、気持ちが落ち着いてから、自分の気持ちを代弁してもらったり、時に、よいこと、そうでないこと、なぜダメなのかを、自分の「安全基地」となる大人から繰り返し伝えてもらったりすることで、自分や周りの物事への理解を定着させます。

●社会情動的スキルを育むとき

自分の思い通りにならない悔しい気持ちを受

遊びを通した直接体験のなかで社会情動的スキルの基本を育む

け止められることで、子ども自身もまた、その悔しい気持ちを自分で受け止めます。それは、失敗したり思い通りに行かなかったりしても、また挑戦しようとする力の源となります。そうした経験の積み重ねは、子どもが気持ちを含めて自分自身をコントロールする力を育みます。それは、社会情動的スキルと呼ばれるものの一つです。

社会情動的スキルは、目標の達成、他者との協働、感情のコントロールに関するスキルで、非認知的スキル、ソフトスキル、性格スキルなどとも呼ばれます。OECD（2018）は、この社会情動的スキルが人生のあらゆる段階で重要な役割を果たすことを示しました。その基本は3歳未満児の時代に育ちます（無藤ら,2017）。

3歳未満児の子どもの内面の育ちを支えるのは、子どもの「安全基地」となる特定の保育士の存在です。育児担当制による保育は、子どもの内面を育てる、つまり社会情動的スキルの基本を育てる、ということができます。遊びを通した直接的経験の中で学習のレディネスや認知的スキルの基本を育むことと、子どもの内面の育ちを支え社会情動的スキルの基本を育むこと。ここには、子どもにとっての「特定の保育士」の存在が不可欠です。保育所保育指針は「教育」を「子どもが健やかに成長し、その活動がより豊かに展開されるための発達の援助」と定義しています。育児担当制は、3歳未満児の発達援助、つまり教育に不可欠な「特定の大人の存在」を保障するものです。

育児担当制が育てるもの

●主体としての子どもを育む

子どもが主体的に環境に関わることで遊びがはじまります。遊びのなかで、子どもは直接的な経験を重ね、発達のプロセスを進みます。発達のプロセスを歩む、その主体は子どもです。育児担当制では、保育士が表立って遊びや生活

保育士は子どもの状態に合わせて声や動作を調整し、子どもが主体となる遊びに参加する

をリードするような、一見華やかに見える行動はありません。そうした表面的な華やかさはなくとも、特定の保育士による定常的かつ地道な関与は、子どもが主体的に行動するための基盤をより強固なものとして支えるとともに、子どもの内面の育ちを支え、その人格を育てます。

子どもが持つ「伸びる力」を支えることで、その育ちを援助する。それは子どもを主体として尊重することともいえます。保育に「主人公」があるとすれば、それは子どもです。保育士が「主人公」になると、子どもは「脇役」もしくは「観客」になってしまいます。生活においても、遊びにおいても、その主体は子どもであり、子どもが行為に参加していることを重視し、子どもが自分でできないことを手助けするのが育児担当制における保育士の役割です。

「華やかさ」は、むしろ子どもが遊ぶ環境に求められるものといえます。ここでいう「華やかさ」とは、華美な壁面構成や豪華な装飾ではなく、子どもが「遊びたい！」と思えるような充実した遊び道具や場所などの豊かさをさします。育児担当制では、どんなに幼くとも、子どもは「遊ぶ」力を有していると考え、その力を信じることを基本として、環境を構成し、その充実を図ります。育児担当制と充実した保育環境は、車の両輪です。

子どもを遊びの主体として尊重することは、すべてを子どもに任せたり、放置したりするこ

5章 育児担当制と3歳未満児の教育

環境の構成など間接的援助を行う

ととは異なります。一人ひとりの状態に応じて、見守りも手助けも必要です。子どもと保育士が1対1で楽しむ遊びもあります。わらべうたなどのふれあい遊びでは、一見保育士が主導しているようにも見えますが、ここで重視されるのは「子どもが主体として参加していること」です。保育士は、子どもの状態に合わせて歌や動作のテンポ、声の使い方を調節し、子どもが主体となる遊びに参加しています。

●子どもの内面的な育ちの充実を図る

育児担当制の基本は、子どもを主体として尊重することにあります。それを前提として、生活場面において特定の保育士が特定の子どもに定常的に援助を行います。特定の保育士による定常的援助によって、子どもとの情緒的絆を結ぶとともに、一人ひとりの子どもの発達課題を見極め、より適切な援助を可能にします。この援助には、子どもに対する直接的な関与と、見守りや子どもの発達課題に適した環境の構成などの間接的援助があります。これらの間接的援助は、目に見える保育士の行動として現れるものではありませんが、子どもがその主体的な活動の積み重ねによって発達のプロセスを進むことを支えるものです。

3歳未満児の子どもにとって、特定の保育士の存在は不可欠です。情緒の安定はもちろんのこと、子どもが安心して活動し、直接的経験を豊かに積み重ねるとともに、子どもの内面的な育ちの充実を図る上でも、特定の保育士の存在が果たす役割は重要です。

3歳未満児の特性を踏まえ、生活と遊びの循環を通して、その発達を支える具体的な手法が育児担当制です。育児担当制とは、3歳未満児に求められる教育的援助といえるでしょう。

引用文献

経済協力開発機構（OECD）編著、ベネッセ教育総合研究所企画・制作、無藤隆・秋田喜代美監訳、『社会情動的スキル 学びに向かう力』明石書店、2018.

無藤隆、汐見稔幸、砂上史子『ここがポイント！3法令ガイドブック―新しい『幼稚園教育要領』『保育所保育指針』『幼保連携型認定こども園教育・保育要領』の理解のために―』フレーベル館、2017.

竹田契一・里見恵子、『インリアルアプローチ』、pp.12-15、日本文化科学社、1994.

山田栄・唐澤富太郎・伊藤和衛・大浦猛編『教育学小事典』協同出版 ,1974.

参考文献

B. バックレイ、丸野俊一監訳『0 歳児～5 歳児までのコミュニケーションスキルの発達と診断』北大路書房 ,2004.

遠城寺宗徳・合屋長英他『遠城寺式乳幼児分析的発達検査法（九大小児科改訂版）』慶應義塾大学出版会 ,1978.

T. ハームス・D. クレア・R.M. クリフォード・N. イェゼジアン他、埋橋玲子訳『新・保育環境評価スケール② 0・1・2 歳』法律文化社 ,2018.

林邦雄・松井茂昭・中川忠雄編著『読みを育てる』コレール社 ,1993.

帆足英一『やさしいおむつはずれ－じっくり見極めパッととる』赤ちゃんとママ社 ,2009.

岩立志津夫・小椋たみ子編著『言語発達とその支援』ミネルヴァ書房 ,2002.

鴨下賢一『発達が気になる子へのスモールステップではじめる生活動作の教え方』中央法規出版 ,2018.

金子芳洋監、尾本和彦『障害児者の摂食・嚥下・呼吸リハビリテーション－その基礎と実践』医歯薬出版株式会社 ,2005.

金子芳洋・菊谷武監、田村文誉・楊秀慶・西脇恵子・森谷順子『上手に食べるために－発達を理解した支援』医歯薬出版 ,2005.

貴邑冨久子、根来英雄『シンプル生理学改訂第 6 版』南江堂 ,2008.

コダーイ芸術教育研究所『乳児保育の実際－子どもの人格と向き合って』明治図書 ,2006.

コダーイ芸術教育研究所『新訂 乳児の保育・幼児の保育』明治図書出版 ,1990.

小西行郎『赤ちゃんと脳科学』集英社新書 ,2003.

小西行郎・遠藤利彦編『赤ちゃん学を学ぶ人のために』世界思想社 ,2012.

厚生労働省『保育所保育指針』2008.

厚生労働省『保育所保育指針解説書』2008.

厚生労働省『保育所保育指針』2017.

厚生労働省『保育所保育指針解説』2018.

厚生省『保育所保育指針』1965.

厚生省『保育所保育指針』1990.

厚生省『保育所保育指針』1999.

丸山美和子『保育者が基礎から学ぶ乳児の発達』かもがわ出版 ,2011.

二木武、帆足英一、川井尚、庄司順一編著『新版小児の発達栄養行動－摂食から排泄まで／生理・心理・臨床－』医歯薬出版 ,1995.

西村真実「7章 6か月未満児の発達と保育内容」「8章 6か月から1歳3か月未満児の発達と保育内容」「9章 1歳3か月から2歳未満児の発達と保育内容」「10章 2歳児の発達と保育内容」寺田清美・大方美香・塩谷香編『基本保育シリーズ⑯巻 乳児保育』中央法規出版 ,2015.

大藪泰『共同注意－新生児から2歳6か月までの発達過程』川島書店 ,2004.

V. プライア・D. グレイザー、加藤和生監訳『愛着と愛着障害－理論と根拠に基づいた理解・臨床・介入のためのガイドブック』北大路書房 ,2008.

汐見稔幸・小西行郎・榊原洋一責任編集『乳児保育の基本』フレーベル館 ,2007.

末松たか子『おむつのとれる子、とれない子－排泄のしくみとおしっこトレーニング』大月書店 ,1994.

田島信元・子安増生・森永良子・前川久男・菅野敦編著『認知発達とその支援』ミネルヴァ書房 ,2002.

高山静子『環境構成の理論と実践－保育の専門性に基づいて』エイデル研究所 ,2014.

竹下研三『人間発達学－ヒトはどう育つのか』中央法規出版 ,2009.

田中昌人・田中杉恵『子どもの発達と診断 1乳児期前半』大月書店 ,1981.

田中昌人・田中杉恵『子どもの発達と診断 2乳児期後半』大月書店 ,1982.

田中昌人・田中杉恵『子どもの発達と診断 3幼児期Ⅰ』大月書店 ,1984.

田中昌人・田中杉恵『子どもの発達と診断 4幼児期Ⅱ』大月書店 ,1986.

田中真介監、乳幼児保育研究会編著『発達がわかれば子どもが見える－0歳から就学までの目からウロコの保育実践』ぎょうせい ,2009.

田中義和『子どもの発達と描画活動の指導－描く楽しさを子どもたちに』ひとなる書房 ,2011.

山下晧三・松井茂昭・山本なつみ編著『数を育てる』コレール社 ,1993.

谷田貝公昭・高橋弥生『データで見る幼児の基本的生活習慣 第3版』一藝社 ,2016.

米山千恵・渡辺幸子編著『0歳児クラスの楽しい生活と遊び』明治図書出版 ,1997.

米山千恵・渡辺幸子編著『1歳児クラスの楽しい生活と遊び』明治図書出版 ,1998.

吉本和子『乳児保育－一人ひとりが大切に育てられるために』エイデル研究所 ,2002.

『保育とカリキュラム 4月号』ひかりのくに ,1967.

『保育とカリキュラム 5月号』ひかりのくに ,1967.

『保育とカリキュラム 6月号』ひかりのくに ,1967.

『保育とカリキュラム 7月号』ひかりのくに ,1967.

『保育とカリキュラム 8月号』ひかりのくに ,1967.

『保育とカリキュラム 9月号』ひかりのくに ,1967.

『保育とカリキュラム 10月号』ひかりのくに ,1967.

著者紹介

西村 真実（にしむら　まみ）

帝塚山大学　教育学部　こども教育学科　准教授
保育士として豊中市立保育所に15年勤務。2005年3月、大阪市立大学大学院前期博士課程修了。同年4月より保育士養成校に教員として勤務、現在に至る。
池田市子ども子育て会議委員、芦屋市子ども子育て会議委員を務める。

撮影協力園

社会福祉法人イエス団一麦保育園
社会福祉法人信愛学園御影のどか保育園
社会福祉法人あい園和北保育園
学校法人西南学院早緑子供の園
社会福祉法人大阪キリスト教社会館めぐみ保育園
社会福祉法人幸栄会くるみ保育園
社会福祉法人幸栄会緑波くるみ保育園
社会福祉法人萬年青友の会三石保育園

（順不同）

＊本文には著者撮影の写真も含まれます。

育児担当制による乳児保育
子どもの育ちを支える保育実践

2019年 5月20日 初版発行
2022年 6月15日 初版第6刷発行

著　者　西村真実
発行者　荘村明彦
発行所　中央法規出版株式会社
　　　　〒110-0016　東京都台東区台東3-29-1中央法規ビル
　　　　TEL03-6387-3196
　　　　https://www.chuohoki.co.jp/

デザイン　谷 由紀恵
印刷・製本　株式会社ルナテック
写真撮影　堤谷孝人
本文イラスト　にしださとこ
編集協力　株式会社スリーシーズン

定価はカバーに表示してあります。
ISBN978-4-8058-5893-6

本書のコピー、スキャン、デジタル化等の無断複製は、著作権法上での例外を除き
禁じられています。また、本書を代行業者等の第三者に依頼してコピー、スキャン、
デジタル化することは、たとえ個人や家庭内での利用であっても著作権法違反です。
落丁本・乱丁本はお取り替えいたします。

本書の内容に関するご質問については、下記URLから「お問い合わせフォーム」に
ご入力いただきますようお願いいたします。
https://www.chuohoki.co.jp/contact/